David Jaffin

Die Urgeschichte der Menschheit – unsere Geschichte

VLM

Verlag der
Liebenzeller Mission
Bad Liebenzell

Mit herzlichem Dank an Frau Heide Pfeiffer
und Frau Ute Mayer
für die Erstellung des Manuskripts

ISBN 3-88002-469-3

Alle Rechte vorbehalten, auch der auszugsweisen oder elektronischen
Wiedergabe und Fotokopie
© Copyright 1991 by Verlag der St.-Johannis-Druckerei C. Schweickhardt,
Lahr-Dinglingen
Umschlagbild: »Noah und die Taube«, mittelalterliches Mosaik,
San Marco, Venedig
Umschlaggestaltung: Grafisches Atelier Arnold, Dettingen/Erms
Satz: Knipp EDV-Satz, Wetter
Herstellung: St.-Johannis-Druckerei, Lahr-Dinglingen
Printed in Germany 10579/1991

Inhalt

Adam und Eva

Aber die Schlange war listiger als alle Tiere auf dem Felde, die Gott der Herr gemacht hatte, und sprach zu dem Weibe: Ja, sollte Gott gesagt haben: ihr sollt nicht essen von allen Bäumen im Garten? Da sprach das Weib zu der Schlange: Wir essen von den Früchten der Bäume im Garten; aber von den Früchten des Baumes mitten im Garten hat Gott gesagt: Esset nicht davon, rühret sie auch nicht an, daß ihr nicht sterbet! Da sprach die Schlange zum Weibe: Ihr werdet keineswegs des Todes sterben, sondern Gott weiß: an dem Tage, da ihr davon esset, werden eure Augen aufgetan, und ihr werdet sein wie Gott und wissen, was gut und böse ist.

Und das Weib sah, daß von dem Baum gut zu essen wäre und daß er eine Lust für die Augen wäre und verlockend, weil er klug machte. Und sie nahm von der Frucht und aß und gab ihrem Mann, der bei ihr war, auch davon, und er aß. Da wurden ihnen beiden die Augen aufgetan, und sie wurden gewahr, daß sie nackt waren, und flochten Feigenblätter zusammen und machten sich Schurze. Und sie hörten Gott den Herrn, wie er im Garten ging, als der Tag kühl geworden war. Und Adam versteckte sich mit seinem Weibe vor dem Angesicht Gottes des Herrn unter den Bäumen im Garten.

1. Mose 3, 1-8

Die Urmenschen, Adam und Eva, lebten ohne Not. Sie bekamen vom Herrn alles, was sie benötigten. Nur zwei Grenzen hatte der Herr ihnen gesetzt: Die Grenze des Lebens und die Grenze der Erkenntnis, die sie nicht überschreiten durften. Deshalb das Verbot, von den Bäumen zu essen, denn der Herr ist als unser Schöpfer der Herr des Lebens, und der Herr allein ist die Wahrheit, welche viel höher reicht als unsere Vernunft. Wehe dem Menschen, wehe der Gesellschaft, die versucht, Herr über den Bereich Gottes zu werden, über Leben und über Erkenntnis. Wenn Menschen diese Grenzen nicht mehr wahrnehmen, nicht mehr akzeptieren, dann werden sie bestraft. Aber in diese Richtung läuft nicht nur dieses Geschehen, sondern die ganze Geschichte der Menschheit und auch jeder von uns.

Satan, der gefallene Engel Gottes, besitzt kosmische Eigenschaften und Fähigkeiten. Damit ist und bleibt er viel zu klug für uns Menschenkinder. Im Paradies verwandelte er sich in eine Schlange. Dadurch wird gezeigt, daß das Böse, der Satan, immer neue Formen annehmen kann.

Sobald er mit einer seiner Darstellungen sein Ziel erreicht hat, nimmt er neue Formen an, verwandelt sich, um uns nochmals zu versuchen. Wir Menschenkinder, wir Armen und Schwachen, werden immer wieder hereingelegt, weil wir viel zu träge sind im Geist, weil die Verwandlung Satans uns überrascht. So hat Hitler im Auftrag des Bösen viele verführt, und heute nimmt der Satan ganz andere Formen an. Der Oxford-Historiker A. J. P. Taylor sagt, daß wir Menschen immer aus unseren Fehlern lernen, in genau umgekehrte Fehler zu verfallen. So sind die Wege dieses listigen Satans mit uns Menschenkindern, so bleiben seine Wege, uns zu verführen.

Warum sprach Satan zuerst Eva an und nicht Adam? Gott hatte zuerst Adam erschaffen. Zu behaupten, daß er so vorging, weil Adam der Stärkere war, wäre Unsinn, denn Adam erwies sich als absolut schwach, denn ohne Frage tat er genau das, was Eva von ihm forderte. Er ist eher der Schwächere. Warum dann zuerst Eva? Erstens, weil er direkt auf ihre Schwäche anspielte, nämlich auf die Neugier der Frauen: »Und das Weib sah, daß von dem Baum gut zu essen wäre und daß er eine Lust für die Augen wäre und verlockend, weil er klug machte.« Aber noch wichtiger ist, daß Eva zum Mittler wurde, Adam zu verführen.

Werden hier nicht solche Frauen wie Delila, Batseba und Isebel vorgedeutet, die Simson, David und Ahab verführten? Wird hier nicht die tiefe Schwäche der Männer den Reizen der Frauen gegenüber gezeigt? Simson war unendlich stark, aber Delila gegenüber absolut schwach. David war der gerechte König in Israel, aber Batseba und damit auch ihrem Mann Uria gegenüber erwies er sich als Ehebrecher und Mörder. Ahab ließ sich von Isebel zu einer Auffassung verführen, die der israelitischen hinsichtlich Besitz und Gerechtigkeit völlig widersprach (siehe Nabots Weinberg). Dieser Text ist zugleich eine Warnung an Frauen wie an Männer, welche Gefahr das Geschlecht für jeden von uns darstellt, wenn es nicht in der Ordnung und im Sinn des Herrn erlebt wird. Adam ist hier nur allzu bereit, Gottes Befehl, Gottes Ordnung ohne Gegenwehr zu brechen, nur wegen dieser Eva. Eva selbst – wegen ihrer Neugierde, auch wegen ihres Machtstrebens (der extreme Feminismus unserer Zeit?) – läßt sich leicht von Gottes Ordnung wegführen. Hier zeigt sich der Satan, diese alte Schlange, als schrecklich listig und psychologisch eindrucksvoll. Eine Nebenfrage: Warum sind diese Bäume mitten im Garten? Weil dieser Bereich Gott gehört, und der Herr steht mitten unter uns. So stand der Herr mitten unter dem Volk Israel, in seiner Mitte, auch im Allerheiligsten im Tempel, nach dem Talmud dem Mittelpunkt der Welt.

So ist auch Jesus, Gott selbst, in unserer Mitte. Das bedeutet, daß der Herr, seine Kraft des Lebens, seine Weisheit, die Mitte der Welt, die Mitte der Schöpfung, die Mitte der Erkenntnis ist und bleibt. Deshalb ist und bleibt Jesu Kreuz die Mitte der Schrift und die Mitte der Erkenntnis und das Leben für alle Völker aller Zeiten, denn nur in ihm haben wir auch für die Zukunft wahres Leben. Nur in ihm ist die Weisheit Gottes, welche höher ist als alle menschliche Vernunft.

Aber wie geht die Schlange, der Satan, mit uns schwachen, verführbaren Menschenkindern um? Zuerst mit Lügen: »Ihr werdet keineswegs des Todes sterben« –, doch nach dem Sündenfall spricht Gott das Todesurteil, die Todesstrafe gegen Adam und Eva aus. Und »…ihr werdet sein wie Gott und wissen, was gut und böse ist« – diese Aussage ist zugleich richtig und falsch. Falsch ist es, daß wir wie Gott sein werden, denn dem Menschen wird jetzt nicht nur die Erkenntnis verwehrt, sondern auch das Paradies selbst, die Nähe des Herrn. Richtig aber ist, daß wir erkennen werden, was gut und was böse ist. Jedoch nicht dadurch, daß wir gleich wie Gott werden. Durch den Sündenfall werden wir nicht nur erkennen, was böse ist, sondern es auch existenziell bis ins Mark und Bein erleben, denn im Sündenfall sind wir die Beute Satans. Der Herr hat uns wahrhaftig gezeigt, was gut ist (er und seine Schöpfung und seine Ordnung) und was böse ist (Ungehorsam, Abfall von ihm), aber jetzt haben die Menschen am eigenen Leib das Böse erfahren. Natürlich wirkt Satan auch durch die Machtgier der Menschen: »…ihr werdet sein wie Gott«. –

»Wir sind die Herren der Welt!« Dieser Ruf schallt durch die ganze Geschichte der Menschheit vom Babelsturm über die Französische Revolution mit ihrem neuen Kalender des Jahres 1, dem Jahr der Vernunft der Menschheit, bis hin zu den modernen Diktatoren unserer Zeit. Die Selbstverherrlichung des Menschen ist auch heute das propagierte Ziel. Zugleich wirkt Satan auch durch Neugier. Unser Streben nach der Wahrheit, nach der Wahrheit gegen Gottes Gebot, um das es hier geht, hat uns manche wichtige Errungenschaft gebracht, aber ohne Gott bleiben diese Errungenschaften auch gegen die Menschheit gerichtet. Dadurch haben wir auch die Mittel der absoluten Zerstörung entwickelt, auch die systematische Propaganda und Gehirnwäsche, die Mittel der geistigen Zerstörung. Erkenntnis, Weisheit, Wissenschaft – nur unter der Grenze von Gottes Herrschaft und seiner Ordnung können sie gut für uns sein und bleiben.

»Da wurden ihnen beiden die Augen aufgetan, und sie wurden gewahr, daß sie nackt waren, und flochten Feigenblätter zusammen und machten sich Schurze.« Was bedeutet dieses Nacktsein? »Ich bin nackt von meiner Mutter Leibe gekommen, und nackt werde ich wieder dahinfahren«, sagt uns Hiob. Nacktsein bedeutet entblößt, auch geistig und geistlich entblößt zu sein. So hat der Satan unseren Schutz, den Herrn, von uns weggenommen, uns unsere Schuld und Sünde, unser Weggestoßensein von der Wahrheit, vom Leben selbst, vom Herrn, bis ins Körperliche hinein gezeigt. Deswegen spielt das Kleid der Erwählung eine so wichtige Rolle in der Bibel, zuerst ein Kleid vom Tier, dem ersten Opfer, Gottesopfer, damit wir bekleidet werden, über Josefs Kleid bis hin zu Jesu Kleid der Gerechtigkeit am Kreuz, welches unsere Sünde, unsere Entfernung vom Herrn, unser Entblößtsein überdeckt.

»Und sie hörten Gott den Herrn, wie er im Garten ging, als der Tag kühl geworden war. Und Adam versteckte sich mit seinem Weibe vor dem Angesicht Gottes des Herrn unter den Bäumen im Garten.«

Der Herr sieht und weiß alles. Er stellt uns in Frage, wenn wir uns von ihm entfernt haben. Er will uns nicht loslassen, denn er will unser Herr sein. So ruft er uns auch heute immer wieder neu zu sich. Er sucht uns an der Stelle, an der wir abgefallen sind, und will uns zu sich zurückrufen, zum Gehorsam, unter den Schutz des wahren Lebens und der wahren Erkenntnis. Denn nun wissen die Menschen, wie es die Deutschen 1945 wußten, daß sie betrogen und verführt wurden. Jetzt will er sie zu sich zurückholen. Adam und Eva versuchten, sich vor dem Herrn zu verstecken.

So verhalten sich auch heute noch viele Menschen, indem sie sagen: »Es gibt keinen Gott« oder: »Wir sind mündig, wir leben unser Leben, wie wir wollen.« Sie bemerken dabei nicht, daß der Herr ein gerechter Herr und damit auch der Herr des Gerichts ist, daß der Herr Herr des Lebens ist und daß wir ohne ihn kein wahres und kein zukünftiges Leben haben.

Christus spricht: »Ich bin das Leben.« Der Herr bringt alles ans Licht – deshalb merken Adam und Eva, daß sie nackt und entblößt sind. So werden auch die Gottlosen ans Licht der Wahrheit, ins Gericht gebracht. Der Herr aber gibt uns nicht auf, er sucht uns. Er enthüllt den Satan und damit unsere Irrwege. Er ruft uns zu sich, aber wehe uns, wenn wir seinen Ruf nicht hören, wenn wir versuchen, uns vor dem allmächtigen Gott zu verstecken. Dann gibt es nur das Gericht. Aber der Herr hat die ganze Zeit nicht aufgehört, uns Adams und Evas zu sich zurückzurufen. Eben das tut er jetzt in Jesus Christus, der unsere Gottesferne, unsere Schuld und damit unser Gericht für uns ans Kreuz getragen hat und der uns zu sich zurückruft: »Wo bist du, Adam?«

»Wo bist du, Adam?«

Und Gott der Herr rief Adam und sprach zu ihm: Wo bist du?
Und er sprach: Ich hörte dich im Garten und fürchtete mich;
denn ich bin nackt, darum versteckte ich mich. Und er sprach:
Wer hat dir gesagt, daß du nackt bist? Hast du nicht gegessen
von dem Baum, von dem ich dir gebot, du solltest nicht davon
essen? Da sprach Adam: Das Weib, das du mir zugesellt hast,
gab mir von dem Baum, und ich aß. Da sprach Gott der Herr
zum Weibe: Warum hast du das getan? Das Weib sprach: Die
Schlange betrog mich, so daß ich aß.

Da sprach Gott der Herr zu der Schlange: Weil du das ge
tan hast, seist du verflucht, verstoßen aus allem Vieh und allen
Tieren auf dem Felde. Auf deinem Bauche sollst du kriechen
und Erde fressen dein Leben lang. Und ich will Feindschaft
setzen zwischen dir und dem Weibe und zwischen deinem Nach
kommen und ihrem Nachkommen; der soll dir den Kopf zertre
ten, und du wirst ihn in die Ferse stechen.

Und zum Weibe sprach er: Ich will dir viel Mühsal schaffen,
wenn du schwanger wirst; unter Mühen sollst du Kinder ge
bären. Und dein Verlangen soll nach deinem Manne sein, aber
er soll dein Herr sein.

Und zum Manne sprach er: Weil du gehorcht hast der Stim
me deines Weibes und gegessen von dem Baum, von dem ich
dir gebot und sprach: Du sollst nicht davon essen –, verflucht
sei der Acker um deinetwillen! Mit Mühsal sollst du dich von
ihm nähren dein Leben lang. Dornen und Disteln soll er dir
tragen, und du sollst das Kraut auf dem Felde essen. Im
Schweiß deines Angesichts sollst du dein Brot essen, bis du
wieder zu Erde werdest, davon du genommen bist. Denn du
bist Erde, und sollst zu Erde werden.

1. Mose 3, 9-19

Diese Frage Gottes an Adam ist eigentlich die Frage jeder Predigt.
Es ist die Infragestellung unserer Person. »Wo bist du?« bedeutet
letzten Endes »Wie sieht deine geistliche Lage aus?« Wo befindet
sich Adam? Er ist vom Herrn entfernt und damit außerhalb des
Bereichs des Paradieses, denn das Paradies ist eine Ortsbestim-

mung und zugleich ein geistlicher Zustand (mit der Austreibung aus dem Paradies hat dann nicht der Herr angefangen, sondern Adam und Eva selbst). Entfernung von Gott bedeutet Sünde. Adams Zustand ist Sünde. Niemand kann sich vor dem Herrn verstecken, so gut er es auch versucht, sich vor seinem Nachbarn und vor sich selbst zu verstecken. Der Herr sieht und weiß alles, und er will es ans Licht bringen, damit wir durch Buße den Weg zu ihm zurückfinden können. Aber wenn wir seinem Wort ausweichen, seinem Ruf zurück zu ihm, wenn wir auf unserem Eigenwillen und unseren eigenen Wegen durch Selbsttäuschung, durch Verstecken unserer Person, unserer eigenen Lage beharren, dann wird der Herr dies alles in seinem Gericht ans Licht bringen, denn dann ist die Gottesentfernung für immer vollendet.

Unser Text fragt jeden von uns: Wie sieht unser jetziger Zustand aus? Haben wir unser Leben mit dem Herrn, vor dem wir uns niemals verstecken können, in Ordnung gebracht? Oder versuchen wir weiterhin, uns selbst mit Ausreden zu täuschen: »Ich bin ein mündiger und freier Mensch und will mein eigenes Leben führen (ohne den Herrn!)«, oder: »Der Herr hat mich so gemacht, wie ich bin, deswegen steht er zu meinen Wegen, wie ich sie gestalte«, oder: »Der Herr ist ein Gott der Liebe, des Trostes, der Barmherzigkeit und nicht des Gerichts.« Alle diese Ausreden enthalten – wie die Rede der Schlange – sehr gefährliche Halb- und Viertelwahrheiten. Die Frage bleibt damit äußerst aktuell: »Wo bist du, Adam?«»Wo bist du, Eva?« – Diese Frage ist jetzt an jeden von uns gerichtet.

»…denn ich bin nackt, darum versteckte ich mich. Und er sprach: Wer hat dir gesagt, daß du nackt bist? Hast du nicht gegessen von dem Baum, von dem ich dir gebot, du solltest davon nicht essen?«

Was bedeutet dann dieses Nacktsein? Sicherlich fühlten die Menschen, Adam und Eva, daß sie ohne Kleider waren. Vorher waren sie genauso nackt, aber sie bemerkten es nicht. Das bedeutet – einfach gesagt –, daß sie entblößt, bloßgestellt waren. Vorher war ihre Nacktheit als Teil des paradiesischen Zustandes natürlich, aber dann schämten sie sich. Darin steht eine doppelte Bedeutung: Ihre natürliche Unschuld war dahin, und weil sie dahin war, waren sich Adam und Eva darüber bewußt. Ihr Entblößtsein hängt auch mit dem letzten Satz unseres Textes zusammen: »Denn du bist Erde und sollst zu Erde werden.« Ihr schuldiges Nacktsein bedeutet zugleich, daß ihr Fleisch nun der Verwesung unterworfen war – die Todesstrafe Gottes, weil Adam und Eva sich vom

Leben, vom lebendigen Herrn entfernt hatten. Gottesferne ist nicht nur Sünde, sondern wie hier deutlich ausgedrückt, der Sünde Sold, der Tod.

Hatte dann die Schlange recht, wenn sie sagte: »Ihr werdet keineswegs des Todes sterben, sondern Gott weiß: an dem Tage, da ihr davon esset, werden eure Augen aufgetan, und ihr werdet sein wie Gott und wissen, was gut und böse ist«? Zwar erkannten sie, daß sie nackt und entblößt waren, aber die Schlange hatte gelogen, denn Adam und Eva müssen nun sterben. Sie sind auch nicht wie Gott geworden. Gottes Strafe bedeutet Vergeltung im tiefsten biblischen Sinn des Wortes. Sie aßen vom Baum der Erkenntnis, aber statt Herrscher über das Leben zu werden – wie Gott –, erhielten sie die Todesstrafe. Statt von der Erkenntnis Gottes zu genießen, von seiner Weisheit, erhielten sie die allzu menschliche Erkenntnis ihrer Scham, ihrer verlorenen Unschuld, ihres Nackt- und Entblößtseins vor dem Herrn.

Wehe uns Menschen, wenn wir diese Grenze, welche der Herr dem menschlichen Dasein gesetzt hat, nämlich das Begrenztsein unserer Herrschaft über das Leben, auch weiterhin nicht beachten. Der von Gott befreite, mündige, moderne Mensch ist der wahre Nachfolger von Adam und Eva, und die Todesstrafe liegt weiterhin über ihm; ebenso die Verwirrung des Geistes, der Erkenntnis, indem er dem Herrn nicht gehorcht. Der Weg Satans ist der verführerische Weg des Aufstandes gegen Gott. Dieser Weg, welcher uns zum Herrscher über das Leben und unseren Verstand zum Maßstab aller Dinge macht, führt zum Tod – und ohne Christus zum ewigen Tod unseres schuldigen und gottlosen Geschlechts.

Dann erfolgt dieses allzu bekannte Selbstgerechtigkeitsspiel, in dem ein anderer an unserer Stelle für schuldig erklärt wird. Adam beschuldigte Eva, Eva beschuldigte Satan, den Urheber des Bösen, aber alle zusammen wurden bestraft. Steckt in diesem lächerlichen Spiel, wo wir Herr unseres Lebens sein sollten, aber dann in Not und Schuld unsere Unschuld beteuern (da ja andere verführten) – nicht ein tiefer Widerspruch?

Entweder entscheiden wir uns für uns selbst und müssen dann auch die Strafe dafür verantworten, oder wir machen mit dem Bösen nicht mit und können dann deswegen in diesem Zusammenhang auch nicht zur Rechenschaft gezogen werden. Ist es aber nicht vielmehr der Weg, unser Weg und der Weg unserer Zeit, zugleich unsere Freiheit, Mündigkeit und eigene Entscheidungskraft in den Mittelpunkt zu stellen, um dann immer am Schluß einen Sündenbock für unsere Verfehlungen zu finden? Wenn wir unsere eigenen Wege prüfen, werden wir sehr schnell feststellen, wieviel vom alten Adam und der alten Eva in jedem von uns steckt.

Dann, mitten in dieser Gerichtsszene, in der die Menschen mit allem Recht von dem Herrn absolut entblößt werden, gibt es die erste und so wichtige Heilsaussage. »Und ich will Feindschaft setzen zwischen dir und dem Weibe und zwischen deinem Nachkommen und ihrem Nachkommen; der soll dir den Kopf zertreten, und du wirst ihn in die Ferse stechen.« Der Herr läßt uns nicht nur im Gericht, sondern seine Gnade waltet auch hier, denn aus den Nachkommen Evas (dieser Name bedeutet, die Mutter aller Menschen) wird einer kommen, der Schlange den Kopf zu zertreten. Hier wird nicht gesagt wer das sein, wann er kommen oder wie er sein Werk vollenden wird. Aber hier ist im Alten Testament die erste Vordeutung auf das Werk Jesu Christi hier auf Erden, sein Kreuzeswerk, durch das er die Schlange, den Satan, besiegt hat.

Aber haben wir diese Gnade verdient? Bestimmt nicht, denn Adam und Eva sind zutiefst schuldig, nicht nur durch das, was sie getan haben, sondern vor allem in ihrem Versuch, diese Tatsache vor Gott zu verheimlichen. Walter Tlach hat sich einmal mit vollem Recht bitter beklagt, daß hier in Deutschland so viele Eltern ihren Kindern die Wahrheit des Dritten Reiches verheimlicht haben. Damit wird keine Buße getan, denn auf diese Weise verstrickt man sich nur noch viel tiefer in die Schuld. Der Herr weiß und sieht alles, und er wird zu seiner Zeit alles ans Licht bringen. Wer lebt und handelt, um seinen Nachbarn und letzten Endes sich selbst zu täuschen, rechnet nicht mit dem lebendigen und gerechten Herrn und lebt damit in tiefer Gottesferne.

Eine unverdiente Gnade! Nach menschlichem Ermessen sind Adam und Eva nur schuldig und sollten keinen Lichtstreifen auf dem zukünftigen Horizont erleben. Manche sagen: Ja, Adam und Eva – aber wir sind anders. Wirklich? Adam und Eva stehen auch sinnbildlich für alle Menschen in Schuld. Wer den Balken aus dem eigenen Auge entfernt, wird schnell entdecken, wieviel von Adam und Eva in jedem von uns steckt. Aber der Herr liebt uns als unser Vater, und er will uns suchen und zu sich zurückrufen. »Und sie sollen erkennen, daß ich der Herr bin« – ist eine zentrale und oft wiederholte Aussage im Alten Testament.

Deswegen dieses erste Glied in der Kette seiner messianischen Verheißungen, ohne das Wer, Wann und Wie des messianischen Werkes zu beschreiben. Schritt für Schritt wird Gottes Heilsplan immer klarer und deutlicher offenbart. Er wird aus dem Volk Israel kommen (siehe 1. Mose 12), aus dem Stamm Juda (siehe 1. Mose 49); wo sogar auch eine Vordeutung auf Palmsonntag und das Kreuz enthalten ist. Er wird auch aus dem Hause und Geschlechte Davids kommen (siehe 2. Sam 7) und in Bethlehem geboren werden (siehe Mi 5). Er wird von einer Jungfrau geboren werden (siehe Jes 7), die Gerechtigkeit Gottes zu uns bringen (siehe Jes 9) – sogar das Tausendjährige Friedensreich errichten (siehe Jes 11). Jesu Kreuz wird schon im Alten Testament vorgedeutet, sowohl das Werk und seine Bedeutung (siehe Jes 52.53) als auch die volle Tiefe seiner Botschaft (siehe Jes 61).

Damit werden die beiden Wege der Bibel jetzt in 1. Mose 3 sehr deutlich gekennzeichnet: der Weg des Fluchs und der Weg des Segens. Dieses Thema der beiden Wege, entweder zur Verdammnis oder zum ewigen Leben, zieht sich durch die ganze Bibel und erreicht ihr Telos, ihren Gipfel, in Jesu Botschaft und mit den beiden Schächern am Kreuz.

So ruft der lebendige, gerechte und barmherzige Gott Israels, Jesus Christus uns jetzt mit seinem entblößenden Ruf an Adam: »Wo bist du?« und mit seiner rettenden, ersten Botschaft: »Kehret um, tut Buße, denn das Reich Gottes ist nahe!«

Die Erbsünde

Und Adam nannte sein Weib Eva; denn sie wurde die Mutter aller, die da leben. Und Gott der Herr machte Adam und seinem Weibe Röcke von Fellen und zog sie ihnen an. Und Gott der Herr sprach: Siehe, der Mensch ist geworden wie unsereiner und weiß, was gut und böse ist. Nun aber, daß er nur nicht ausstrecke seine Hand und breche auch von dem Baum des Lebens und esse und lebe ewiglich!

Da wies ihn Gott der Herr aus dem Garten Eden, daß er die Erde bebaute, von der er genommen war. Und er trieb den Menschen hinaus und ließ lagern vor dem Garten Eden die Cherubim mit dem flammenden, blitzenden Schwert, zu bewachen den Weg zu dem Baum des Lebens.

1. Mose 3, 20-24

Was Eva begangen hat, trifft auf alle Menschen zu. Sie ist nicht nur die erste Frau und Mutter aller Menschen, sondern zugleich auch die Mutter der gefallenen Menschen. Dieses Thema »Erbsünde« kann man auf verschiedene Arten ausdrücken. Auf der einen Seite steht die Problematik von Adam und Eva, daß sie wie Gott sein wollten, daß sie aus Neugierde in diese Situation hineingeschlittert sind und daß das in jedem Menschen steckt. Auf diese Art ist die Problematik von Adam und Eva auch unsere Problematik. Jeder möchte sich als Mittelpunkt sehen. Jeder möchte Macht ausüben, der Mittelpunkt seiner Welt sein und sein eigenes Denken zum Maßstab nehmen. Wir sehen Erbsünde verherrlicht, indem Mitmenschlichkeit oder Menschlichkeit in unserer Zeit zum Schlagwort wird, zum Maßstab aller Dinge. Denn was ist der Mensch? ... alles »Dichten und Trachten des menschlichen Herzens ist böse von Jugend an«. Die Verherrlichung des Menschseins ist die Verherrlichung der verfallenen, erbsündigen Menschen. Der Mensch, der glaubt, daß er der Maßstab aller Dinge ist, muß dennoch Antwort geben auf Leben, das er nicht schaffen kann, auf die Grundlage des Lebens, die Liebe, die er ebenso weder schaffen noch erklären kann. Er muß dem Leiden und dem Tod einen Sinn geben; doch in jedem dieser Bereiche ist er machtlos. Wenn der Mensch sich zum Maßstab aller Dinge macht und keine Antwort auf diese Fragen hat, ist er machtlos. So ist die heutige Betonung auf »Der Mensch als Maßstab aller Dinge« nichts anderes als eine kollektive Erbsünde. Es ist eine noch tiefere Art, dieses Problem »Erbsünde« auszudrücken. Biblisch gesehen, ist in Wahrheit jedoch der Herr der Maßstab aller Dinge. So zeigt sich auch beim Schöpfungsbericht, daß der Mensch *nicht* die Vollendung der Schöpfung ist (sechster Tag). Die Vollendung der Schöpfung ist der siebte Tag, Gottes Ruhe, Gottes Schalom, Gottes Zielsetzung, nicht die Erschaffung des Menschen. Denn wenn die Erschaffung des Menschen die Zielsetzung der ganzen Schöpfung wäre, wenn der Mensch das letzte Wort sprechen würde, dann würde diese Zielsetzung Verlorenheit sein. Aber nicht der Mensch spricht das letzte Wort, sondern Gott.

Dann kommt ein interessantes zweites Thema in unserer Bibelstelle: Gott schlachtete ein Tier (was hier nicht deutlich gesagt wird, aber er gab Röcke aus Fell, also mußte er ein Tier im Paradies geschlachtet haben), um die Menschen zu bekleiden. Das ist ein ungeheuer wichtiges Thema, denn es enthält die ganze Opfervorstellung, die ganze Vorstellung vom Kreuz, die ganze Vorstellung von Gottes Schutz.

Im Paradies wurde zunächst kein Tier geschlachtet. Im Paradies herrschte Frieden unter den Geschöpfen, zwischen Menschen und Tieren und den Tieren untereinander. Da spielten Löwen mit Schafen und Hunde mit Katzen. Es war sicher alles sehr friedlich. Gott aber schlachtete, vollzog das erste Opfer. Er brach in diesen Frieden ein, weil dieser Friede schon gebrochen worden war. Er wurde durch den Sündenfall, den der Mensch begangen hat, gebrochen. Er selbst hat die Entfernung von Gott geschaffen. Damit ist das Verhältnis in der Schöpfung überhaupt zerstört. Gott brach um der Menschheit willen in diese Schöpfung, in diesen Frieden, den er gegeben hat, ein.

Die Menschen nahmen zunächst Feigenblätter, um sich zu schützen. Ich glaube, wenn wir mit Feigenblättern umgehen müßten, würden wir schnell feststellen, daß sie uns nicht so gut schützen können wie ein Fell.

Das Zuendegehen des Friedenszustandes ist aber auch zugleich eine Vordeutung: Gott möchte diese Friedensordnung zwischen Menschen und Tieren unter seiner Herrschaft. Das bedeutet Gottes Tausendjähriges Friedensreich. Wenn wir über das Tausendjährige Friedensreich reden, meinen wir diese Art von Zustand, wie es ihn im Paradies gegeben hat; Menschen, gehorsam unter Gott – Tiere, gehorsam unter Menschen, alle in einer harmonischen Einheit ohne Zwietracht, ohne Haß, ohne Töten. Gott aber brach damals diese Ordnung, um die Menschen zu schützen. Er gab Schutz durch diese Tierfelle. Das bedeutet, daß auch, wenn *wir* von ihm abgefallen sind, er doch nicht von uns abfallen wird. Das ist auch ein wichtiger Gesichtspunkt in bezug auf das Verständnis von Israel. Zu behaupten, daß Gott nicht mehr zu Israel steht (was natürlich gegen das Neue Testament geht, wie Paulus sagt), ist einfach Unsinn. Gott hält zu seinem Bund wie zu seiner Schöpfung, auch wenn wir nicht zu ihm halten. Er versucht bis zum Ende, uns zu schützen, uns die Möglichkeit des Heils anzubieten. Es gibt aber einen Punkt, an dem Gottes Geduld zu Ende ist. Dieser Punkt wurde damit erreicht, was später mit Kain und Abel, mit Lamech dem Massenmörder, und dem Babelsturm kam. Wir werden diesen Punkt in Gottes Beziehung zu Israel und seiner Strafe und in Beziehung zum Endgericht, bei dem Gottes Geduld mit den Gottlosen einfach am Ende sein wird, sehen. Aber noch ist der Herr für uns da. Er ist mehr für uns da, als wir für uns selbst. Das war schon im Paradies zu spüren: Die Menschen nahmen Feigenblätter, um sich zu schützen, doch er gab Tierfelle, die ein viel besserer Schutz sind. Er steht näher zu uns, als wir zu uns selbst stehen. Einfach gesagt, Gott liebt jeden von uns mehr, als wir uns selbst lieben. Selbstliebe ist selbstzerstörend. Gottes Liebe aber schützt uns, das wird hier sehr deutlich gezeigt. Dieses erste Opfer deutet den Weg über Tieropfer und über Opfer überhaupt (mit Kain und Abel) bis zu den Opfergesetzen im Alten Bund, die zentral für das Verständnis Jesu (wie es im Hebräerbrief gezeigt wird) sind.

Opfer ist der Weg, die Beziehung zu Gott durch Sühne wiederherzustellen. Wenn der Priester im Alten Bund ein Opfer vollzog, legte er seine Hand auf das Tier, um zu zeigen, daß dieses Tier für ihn und für den Opfernden in den Tod geht. Das ist ein Sühneopfer. Gott hat das erste Opfer vollbracht, um uns mit Tierfellen zu schützen. Ein Opfer im Alten Testament ist ein Sühneopfer, durch das Versöhnung geschieht und die Beziehung zum Herrn wiederhergestellt wird. Die doppelte Zielsetzung des Opfers im Alten Bund ist zum einen die Anerkennung von Gottes Herrschaft über alles, was lebt und sich regt. Dieses Tier geht für mich, den Opfernden, in den Tod. Das bedeutet auch, daß Gott, der Herr, über die ganze Person herrscht wie über diese Tiere, über Leben und Tod. Aber zugleich wird bei dem Opfergang, bei dem Gemeinschaftsopfer ständig betont: Gott gibt uns Gemeinschaft. Das Opfer ist somit die Bejahung der Gemeinschaft Gottes mit den

Menschen. Daran ist ersichtlich, daß die Gemeinschaft nicht von den Menschen ausgeht, denn sie haben Gott verneint. Die Gemeinschaft kommt von Gott. Die Gemeinschaft, die wir mit Gott erstreben, ist nicht unser Bestreben, sondern die Annahme dessen, was Gott uns gegeben hat.

Deswegen taufen wir zum Beispiel Kinder, Säuglinge. Denn Jesus nimmt uns an, auch wenn wir, seine Jünger, in die Irre gehen und ihn am Kreuz verlassen – wir sind alle in sein Kreuz getauft. Kein einziger seiner Jünger stand im Glauben zu ihm, als er gekreuzigt wurde. Seine Gemeinschaft geht in der Beziehung zu uns voraus, nicht unser Bestreben, mit ihm Gemeinschaft zu haben. Er handelt zuerst, was schon durch das erste Opfer deutlich wird. In diesem Opfer ist natürlich Jesu Kreuz vorgedeutet. Denn dieses Opfer ist ein Opfer, um Adam und Eva zu schützen, Schutz zu geben gegen die Härte, die auf sie zukommt, gegen Wind und Wetter und alles andere.

Jesus wird dann das endgültige Opfer am Kreuz geben, das erste und das letzte, indem er uns nicht allein gegen die rauhe Welt schützt, sondern indem er uns mit seinem Kleid der Gerechtigkeit umgibt. Das ist hier in diesem Fell vorgedeutet. Es ist sein Kleid der Gerechtigkeit, sein Kreuzesblut, mit dem er uns überdeckt. Es gibt ein berühmtes Lied über das Thema, wie Jesu Blut als unser Kleid der Gerechtigkeit uns gegen Schuld und Sünde bedeckt. Das ist genau das, was hier vorgedeutet wird. Der Mensch ist gefallen, Erbsünde entstand, Sündenfall, aber Jesus überdeckt uns trotz unserer Schuld und Sünde mit seinem Schutz. Was anderes ist Kreuz als Schutz? Die ausgestreckten Hände segnen und schützen – eigentlich sollte man deswegen den Segen mit ausgestreckten Händen sprechen, wie es auch die Rabbiner tun.

Für uns heute wird das noch viel deutlicher, weil unter dem Kreuz Jesu der Schutz seines Kreuzes gegen Sünde, Teufel und Tod ist. Das wird in dem schützenden Kleid aus diesem Tierfell vorgedeutet. Sein Opfer steht in der Bibel anstelle von allen Tieropfern, so sagt es der Hebräerbrief. Es gibt hier einen ungeheuer vielschichtigen Tiefgang. Das Thema selbst wird bei Kain und Abel weitergeführt, das richtige und das falsche Opfer. Später dann durch die Opferbestimmungen bis zur Vollendung in Jesu Kreuz: Schutz, Segen, Überdecken von dem, was bloßgelegt war.

Adam und Eva waren nackt, das bedeutet »bloßgelegt«. Der Herr hatte ihnen gezeigt, wie es wirklich um sie stand. Doch dann überdeckte der Herr diese Nacktheit.

Dann kommt eine äußerst interessante Aussage: »Und Gott der Herr sprach: Siehe, der Mensch ist geworden wie unsereiner und weiß, was gut und böse ist.« Hatte dann die Schlange doch recht? Die Schlange, der Satan, hatte behauptet, daß Adam und Eva, wenn sie Früchte vom Baum der Erkenntnis nähmen, wie Gott sein würden. Beide meinten nicht nur die Erkenntnis über gut und böse, sondern auch die gleiche Macht wie Gott über das Leben zu erlangen. Doch war dem so? Gott sagt hier selbst: »...der Mensch ist geworden wie unsereiner und weiß, was gut und böse ist.«

Der Unterschied ist, daß wir von dem Bösen gefangen sind, Gott dagegen ist nur für das Gute. Die Erkenntnis ist die gleiche. Durch den Sündenfall wissen wir, was gut und böse ist. Aber nur Gott ist gut, und wir sind alle böse, und wir finden von uns aus keinen Weg aus diesem Bösen heraus. Erkenntnis ist nicht die Wahrheit. Viele Menschen, die böse sind, erkennen, daß sie böse sind. Sie sind über das Böse in ihnen verzweifelt, aber das bedeutet nicht, daß sie plötzlich damit anfangen können gut zu sein.

Ein ganz einfaches Beispiel: Meine Schwester, die eine Kettenraucherin war, las, daß das ungesund sei. Was hat sie darauf getan? Sie hat aufgehört zu rauchen. Sie hat einen ungeheuer starken Willen. Aber was passierte? Statt zu rauchen fing sie an zu essen, und sie wurde sehr dick. Auch sie wußte, daß das nicht in Ordnung war, aber das Böse oder Negative steckt eben in uns. In ihrem Fall war es schlecht für die eigene Gesundheit. Später fing sie mit einer anderen Art von Sucht an. Zu *wissen*, wie sich eine Sachlage tatsächlich verhält, muß nicht unbedingt der Anfang der Besserung sein.

Viele Leute sagen: »Jeder hat seine Schwäche, jeder hat seine Probleme.« Erkenntnis ist aber nicht unbedingt der Weg zur Besserung. Viele Menschen, darunter auch Verbrecher, wissen, daß sie böse sind, Böses getan haben, auch wenn sie versuchen, eine Erklärung dafür zu geben. Das bedeutet jedoch nicht, daß sie dadurch dann gut werden. Es bedeutet, daß sie wie Gott jetzt wissen, was gut und böse ist; aber mit dem Unterschied, daß wir gleichzeitig im Bösen gefangen sind.

Gott weiß das, weil er über dem ganzen Problem steht, weil nur er gut ist. Wir sind bezüglich der Erkenntnis wie Gott geworden, aber deshalb noch lange nicht im Wesen, denn mit unserem Wesen sind wir von Gott abgefallen, wir sind von Gott entfernt. Im Paradies dagegen konnten die Menschen nahe bei Gott sein. So brachte die Erkenntnis in Wirklichkeit Entfernung von Gott. Warum läßt Gott das zu? Der Mensch wußte, bevor er gefallen war, nicht, was böse ist. Das Gute tun, ohne zu wissen was böse ist, beinhaltet keine reale Entscheidungsfreiheit. Gott läßt uns alle fallen. Er hätte es genauso einrichten können, daß die Menschen nicht von ihm abfielen. Doch Gott hat die Vollmacht, er weiß sehr genau, was vor sich geht. Warum? »Ihr sollt erkennen, daß ich der Herr bin« – das ist seine Zielsetzung, der zentrale Satz im Alten Testament von den Mosebüchern bis zu den Propheten. Denn der Mensch der gefallen ist, der wie Gott die Erkenntnis hat über das, was gut oder böse ist, und sich dann für das Gute entscheidet, ist ein ganz anderer Mensch als der, der nicht weiß, was böse ist. Er lebt nur im Licht, und weiß überhaupt nicht, was Finsternis ist. Deswegen erlaubt Gott Geschichte.

Erbsünde ist Geschichte, aus ihr resultiert der Tod. Der Anfang liegt bei der Schöpfung, das Ende, das Todesurteil kommt mit der Erbsünde. Gott läßt Geschichte zu, dieses Gefallensein, daß wir sterben müssen, denn er möchte, daß wir ihn in der Erkenntnis annehmen, daß wir ihn benötigen.

Es ist etwas ganz anderes, wenn wir im Licht leben würden, dann würde das Licht für uns unbedeutend sein. Wenn jeden Tag nur Licht und Sonne und keine Dunkelheit da wäre, und wenn unser Leben nur Licht und Sonne wäre, würden wir überhaupt nicht wissen, was wir haben, und wir würden auch nicht dafür dankbar sein, es wäre selbstverständlich. Nur wenn Dunkelheit kommt, nur wenn Sünde oder Not kommen, wenn die Mächte der Finsternis auftreten, dann lernen wir das Licht zu schätzen, dann lernen wir, die Klarheit, Wahrheit und Reinheit anzunehmen. Gott weiß das, deswegen sagt Paulus im Neuen Testament, daß wir mehr als die Engel seien.

Das ist einer der tiefsten Gründe, warum wir mehr sind als die Engel. Die Engel, außer Satan und seinen Boten, haben die Erkenntnis des Bösen nicht. Sie leben nur im Licht. Doch wir sind mehr als die Engel, denn wir wissen, weil wir die Erkenntnis Gottes haben, was gut und böse ist. Wenn wir zu Jesus Christus gehören, gehören wir – natürlich nur mit Hilfe seiner Kraft – zum Licht, gerade gegen die Finsternis. Das ist mehr als die, die nur im Licht sind.

Ich habe einmal ein Gedicht über einen Mann geschrieben, der in seinem Zimmer mit künstlicher Beleuchtung sitzt und nicht bemerkt, daß draußen Licht ist. So leben sehr viele Wissenschaftler in ihrem künstlichen Licht, haben sehr viele Lichter, ohne das wahre Licht zu bemerken, das Licht des Lebens, Christus.

Wir bauen unsere eigene Welt. Dieses künstliche Licht ist auch eine Art Dunkelheit gegen das wahre Licht – unsere eigenen Wege, unsere eigenen Lichter. Der Mensch, der gefallen ist, weiß, was Finsternis ist. Wenn er von der Finsternis, vom Bösen, der Schlange, die ihm auf den Fersen ist (wie das so klar in der Bibel steht), getrieben wird, dann kann er entweder als Beute zu Satan getrieben werden, oder er wird zum Licht und zu seinem Heiland hingetrieben. Entweder – oder.

Von uns aus ist keine Hilfe möglich. Gott gibt uns das Gesetz, durch das er deutlich zeigt, was wir tun sollen und was nicht. »Du sollst« – und »du sollst nicht«. Gott zeigt uns durch sein Gesetz, was seine Wege sind und das Gute. Aber waren wir je in der Lage, das Gesetz zu erfüllen, das Gute zu tun? Petrus meinte sogar, als die Frage aufkam, ob die Heiden zuerst beschnitten werden und das Gesetz halten sollten, daß sie als Juden das Gesetz ja selbst nicht halten könnten, wie sollten sie es dann von den Heiden verlangen?

Das Gesetz wird durch die Bergpredigt verdeutlicht. Die Zielsetzung des Gesetzes ist die Reinheit und die Vollkommenheit. »Selig sind, die reines Herzens sind…«, ein reines Wesen haben. Der Ruf in Matthäus 5, 48: »Darum sollt ihr vollkommen sein, wie euer Vater im Himmel vollkommen ist.« Dieser eine Satz *ist* die Bergpredigt, die Erkenntnis zum Guten ist da. Wer kann aber vollkommen sein wie Gott? – keiner. Deswegen sind die Jünger Jesu so sehr erschrocken. Die Erkenntnis des Guten ist da, aber das Vollbringen?

Paulus sagte in Römer 7: »Wollen habe ich wohl, aber das Gute vollbringen kann ich nicht. Denn das Gute, das ich will, das tue ich nicht; sondern das Böse, das ich nicht will, das tue ich.«

Daß wir die gleiche Erkenntnis wie Gott haben, bedeutet nicht, daß wir gleich sind wie Gott. Gott ist gut, aber wir sind die Beute des Bösen in dieser Erkenntnis, im Sündenfall. Deswegen mußte Jesus für uns das Gute vollbringen, auch gegen unsere Auffassung vom Guten. Jeder hat etwas gegen dieses Kreuz. Für die Römer bedeutete es nichts; für die Juden bedeutete es, daß Jesus als Gotteslästerer gekreuzigt wurde; und die Jünger sind darüber erschrocken, daß Jesus als »Verdammter« am Kreuz, am Holze hängt (siehe 5. Mose 21, 23), deshalb gingen sie alle in die Irre. Das bedeutet, daß das absolute Vollbringen des Guten (das Gott von uns haben möchte), nicht ist, was wir tun können, sondern, was er selbst für uns tut. Der wahre Schutz für uns wird von ihm kommen, von seinem Kleid der Gerechtigkeit. Dieses »Kleid-Bild« kann man auch bei der Kreuzigung Jesu übernehmen. Vier Heidenknechte (nach Johannes) werfen das Los um sein Kleid. Das bedeutet, daß das Kleid der Gerechtigkeit (bei Josef das Kleid der Erwählung) in alle Himmelsrichtungen zu den Heiden geht. Aber zugleich bleibt es ein Bestandteil der Verheißung an Israel: Jesus von Nazareth, König der Juden. Auch das ist ein Bestandteil vom Kreuz. Aber hier geht es ebenso um das Kleid, um Schutz, um Erwählung, um den Weg zu seinem Reich. So steht es in der Offenbarung: Wir werden weiße Kleider tragen, die durch Jesu Blut reingewaschen sind. Das wird alles durch dieses Kleid, dieses Opfer vorgedeutet.

Die Erkenntnis des Guten und Bösen hilft uns nichts. Es ist wie eine Predigt, die nur entblößt. Jede Predigt muß entblößen, aber nur den Menschen nackt machen, zu zeigen, daß er gefallen ist und es dabei belassen, führt letzten Endes zu nichts.

Es gibt kritische Zeitschriften, die jede Woche alles in den Schmutz ziehen, dieses und jenes kritisieren, aber selbst ebensowenig eine richtige Alternative geben können. Eine Predigt *muß immer* am Ende sehr deutlich hervorheben: Für die absolute Nacktheit, das Entblößtsein des Menschen durch Gottes Wort ist der Schutz, die Überdeckung und das Kleid Jesu Kreuz. Wenn das in einer Predigt nicht vorkommt, dann ist das keine Predigt. Wenn die Entblößung nicht vorkommt, wäre es auch keine Predigt, denn wozu bräuchten wir ein Kleid der Gerechtigkeit, wenn wir nicht bloßgelegt sind? Wenn man nur Trost und Liebe (im menschlichen Sinn) bietet, dann braucht man kein Kreuz. Wenn der Mensch auf seine Art in Ordnung ist und er nur menschlich leben soll usw., dann braucht nichts überdeckt zu werden, weil nichts entblößt ist. Es geht schließlich um Entblößung und Überdeckung: die Entblößung des sündhaften Menschen und der Schutz, den Gott dem sündhaften Menschen anbietet. Denn nur der Herr kann das tun. Das können wir nicht selbst trotz unserer Erkenntnis.

Eine andere Frage ist, warum Gott den Menschen mit »unsereiner« charakterisiert? Es gibt viele Aussagen im Alten Testament, die auf diese Art und Weise auf etwas hindeuten; noch viel deutlicher wird dies bei den drei Männern, die zu Abraham gehen. Diese drei Männer sind als Engel Gottes betrachtet worden, aber auch als Gott selbst. Es ist sehr schwierig, das zu beurteilen. Es ist sicherlich eine Vordeutung auf die Trinität. Dieses »unsereiner« ist die Mehrzahl, das ist nicht zu bezweifeln. Damit ist dann die Trinität (Vater, Sohn und Heiliger Geist) gemeint, auch wenn es diese nach jüdischem Verständnis so nicht gibt. Doch gleich danach kommt ein sehr interessanter Text, der oft von Humanisten, die Gott ablehnen, gegen diesen verwendet wird:»Nun aber, daß er nur nicht ausstrecke seine Hand und breche auch von dem Baum des Lebens und esse und lebe ewiglich!«

Hierauf argumentieren die Humanisten – die Menschen, die an das Menschsein und nicht an Gott glauben – Gott wolle nicht, daß Menschen gleich wie er seien. Gott sei gegen die Menschen, er wolle der Herrscher sein und die Menschheit als seine Untertanen sehen. Deswegen verhütet es Gott, daß Menschen ihm gleich werden. Denn die Menschen haben nun die Erkenntnis, und brauchen nur noch vom Baum des Lebens zu nehmen, um ihm gleich zu sein.

Das scheint sehr interessant zu sein, aber es ist eine absolut verkehrte Auslegung. Gott kann keine Angst haben, wenn wir vom Baum des Lebens nehmen, daß wir ihm gleich werden, denn was ist das Wesen Gottes? Es ist, daß er allmächtig, gerecht und gut ist. Aber in welcher Lage sind Adam und Eva? Sie sind in der Lage des Verfallenseins, des Verlorenseins. Gott hatte die Todesstrafe über den Menschen sowieso schon ausgesprochen:»Denn du bist Erde und sollst zu Erde werden.« Warum tut dann Gott das? Um uns zu schützen. Weil – nehmen wir einmal an, daß das möglich wäre (es ist nicht möglich, denn Gott hat das Todesurteil über uns gesprochen) –, daß Adam und Eva, die Urmenschen vom Baum des Lebens genommen hätten, nachdem sie vom Baum der Erkenntnis genommen haben. Was würde das bedeuten? Daß wir ewig in der Hölle leben müßten, weil es dann kein Paradies mehr für uns gäbe. Der Mensch ist von Gott entfernt. Das würde also ewige Hölle und ewige Verdammnis bedeuten, aus der wir nicht mehr errettet werden könnten. Wir würden von uns aus ewiges Leben in der verfallenen Natur, weg von Gott, in Gottesferne haben.

Paradies ist nicht nur ein Ort, sondern auch ein Zustand. Der Zustand des Bei-Gott-Seins. Wenn wir tatsächlich ewiges Leben von uns aus ergreifen könnten – immer mehr Menschen werden 90 Jahre und älter –, so würde sich dies letzten Endes doch gegen uns richten. Denn uns stünde ein ewiges Leben in der Verfallenheit, in der Hölle bevor. Der verfallene Mensch, der ewig lebt.

In der griechischen Mythologie gab es die alte Sybille. Sie ist eine sehr interessante Gestalt. Die alte Sybille ist eine Frau, die nicht stirbt. Sie lebt in einer Höhle. Sie wird älter und älter, und alle Leute, die sie kannten, sind längst tot. Aber sie lebt und lebt – glauben Sie, daß das ein paradiesischer Zustand ist? Meine Großmutter hat das erlebt, denn sie war 99 Jahre alt, als sie starb. Ich werde niemals vergessen, wie absolut isoliert sie war. Ihr Gehör war nicht mehr gut. Sie meinte immer: »In meiner Zeit haben die Leute lauter gesprochen, jetzt flüstern sie die ganze Zeit nur.« Im Grunde genommen, ist ihre ganze Welt gestorben. Zwar waren ihre Kinder da, aber das war nicht ihre Welt. Die Welt unserer Kinder ist nie unsere Welt. Meine Großmutter lebte und lebte; ihr Mann starb mit 70, so war sie fast 30 Jahre Witwe, bis sie dann starb. Sie lebte in absoluter Isolation, weil sie nicht hören konnte. Das war keine schöne Sache. Langes Leben, ewiges Leben haben als verfallene Menschen (und wir sind alle verfallen) ist keine schöne Sache, sondern eine ganz üble.

So hat einmal ein alter Mann bei einer Beerdigung zu mir gesagt: »Ich bin der Letzte.« Ich fragte: »Was meinen Sie damit?« Er sagte: »Ich bin der Letzte von meiner Klasse hier aus Malmsheim. Alle sind tot. Ich gehe zu den Friedhöfen, ich bin der einzige, der lebt.«

Das ist keine schöne Sache. Langes Leben? Wie viele alte Leute sagen zu mir, wie es mit 70 und dann mit 80 ist. Einer hat mir neulich gesagt: »Mit 82 ging es, aber mit 83 ist es nicht mehr so schön. Ja, wenn man älter ist, fängt man an, das zu merken.«

Ewiges Leben, nicht im Sinne Gottes, sondern im Sinne der Menschen, das ist nicht gut.

Gott trennt nur vom Baum des Lebens, um uns zu schützen. Wir handeln immer wieder gegen uns, indem wir gegen Gott handeln. Doch Gott handelt immer wieder für uns. Das ist der ständige Widerspruch. Man kann das in einem harten Satz zusammenfassen: Wir haben nur einen zentralen Feind, das sind wir selbst. Wir haben nur einen zentralen Freund, das ist Gott. Je mehr wir unter der Hingabe und Liebe Christi handeln, desto besser ist es für uns. Wissen wir, was gut für uns ist? Wissen wir wirklich, was gut für uns ist? Die Menschen würden nach diesem Baum des Lebens greifen. Gott behütet uns davor, denn wir wissen nicht, was gut für uns ist. Das ist eine der Sachen, die im Leben so interessant sind. Wir glauben, immer tun zu müssen, was wir tun. Aber oft führen uns unsere Pläne und das, was wir für so wichtig halten, in die Irre.

Wie viele Leute hatten nach dem Zweiten Weltkrieg als höchstes Ziel den Bau eines eigenen Hauses. Wie viele Ehen sind dadurch kaputtgegangen? Aus solch einem Haus wurde kein Heim, weil der Mann nie Zeit für seine Frau und die Kinder hatte, weil er immer Geld für das Haus und anderes verdienen mußte. Wie viele unserer Pläne gehen letzten Endes gegen uns?

Vor noch nicht allzu langer Zeit sagte mir jemand: »Ich werde meine Wohnung verkaufen, denn ich habe zwei Kinder, aber nur eine Wohnung. Deshalb würde es zu einem Erbstreit kommen. Das würde die Beziehung zwischen meinen Kindern kaputtmachen. Deswegen verkaufe ich diese Wohnung.«

Das war eine kluge Mutter, aber es zeigt auch, wie die menschliche Natur ist. Wissen wir wirklich, was gut für uns ist? Ich glaube es nicht. Ich selbst habe oft auch sehr viel nachgedacht, was gut wäre, aber der Herr hat mir immer wieder andere Wege gezeigt. Man sollte sich einmal darüber Gedanken machen. Es ist eine zentrale Aussage dieses Textes: Wo der Mensch für sich handelt, handelt er gegen sich. Nur wenn der Mensch unter Gottes Herrschaft handelt, unter seiner Liebe, dann handelt er für sich. Gott ist unser bester Freund, aber wir sind unser schlimmster Feind. Das ist der Satan in uns. Wir wollen das Gute vollbringen (siehe Röm 7), aber wir vollbringen ständig das Gegenteil. Seien Sie ehrlich mit sich, und machen Sie sich Gedanken darüber. Ich glaube, daß das eine Grundwahrheit ist. Was die Bibel sagt, ist ungeheuer praktisch und realistisch.

Dieser Schutz gegen ein selbständiges, ewiges Leben, das zur Hölle wird, deutet aber auch vor, was mit uns außerhalb des Paradieses passieren wird. Denn was will der Mensch außerhalb des Paradieses? Er will sein Leben in seinem Sinn in den Griff bekommen. Denken wir nur an all die Ideologien, denen Menschen so viele Jahre nachjagten. Später denken wir anders darüber.

Zu den Reden von Hitler und Göbbels fragen sich viele junge Menschen heute, wie man nur so dumm sein und an so etwas glauben konnte? Aber sie selbst glauben zugleich auch an irgendeinen Götzen, doch sie wissen es nicht. Es sind immer andere Dummheiten, an die jede Generation glaubt. Die nächste Generation wundert sich darüber und sagt: »Wie kann man nur so denken.« So ist die ideologische Verführung. Es ist eine Vordeutung von dem, was der Mensch aus dieser Welt gemacht hat. Was haben wir im Namen des Fortschritts mit unserer Welt getan? Es gab einen berühmten Dichter, William Wordsworth. Er hat ein großes Sonett geschrieben, als in England die industrielle Revolution begann.

Er schrieb vor fast zweihundert Jahren darüber, daß alle Flüsse verschmutzen werden und daß die Umwelt zugrunde ginge. Er war ein gläubiger Mann und sah diese Entwicklung voraus. Der

Mensch will sich selbst zum Maßstab aller Dinge machen und sich aller in seinem Sinn bemächtigen über die Grenze hinweg, die Gott setzt. Aber plötzlich merken wir, daß die Industrialisierung auch ungeheuer negative Seiten hat, nicht nur positive. Wir wissen nicht, wohin unsere Zielsetzung uns führt, wir kennen die Früchte unseres eigenen Tuns nicht. Deshalb sollten wir etwas vorsichtig sein. Wir sollten versuchen, ständig unter Gottes Wort zu stehen und wahre Orientierung zu suchen – nicht Gottes Wort zu hinterfragen, sondern Gottes Wort anzunehmen, das uns Leben, Führung und Zukunft bringt, so daß wir unter seinem Geleit stehen. Dann gehen wir einen viel sichereren Weg, als wenn wir versuchen, unser Leben und unsere Welt selbst zu beherrschen.

Die ganze Geschichte, die Urgeschichte ist der Versuch des Menschen, sich selbst zu Gott zu machen, selbst Macht über seine Umgebung, über seine Welt zu haben, für sich selbst zu handeln. Aber damit handelt der Mensch gegen sich. Das geht so weit, daß der moderne Mensch in mitmenschlicher Armut lebt; er kennt seine Brüder nicht mehr.

Der wahre Baum des Lebens wird in Psalm 1 vorgedeutet. Der erste Psalm handelt vom Baum der Gerechtigkeit, wohl gepflanzt, in der Sonne, im Licht – eine Vordeutung auf Jesu Kreuz. Wir können nicht selbst den Baum des Lebens ergreifen, denn dieser Baum wird für uns gemacht, indem wir Gott ans Kreuz nageln, an lebendiges Holz. Deshalb hat man im Mittelalter das Kreuz ständig als noch lebenden Baum mit Trieben dargestellt. Wir können den Baum des Lebens nicht ergreifen, denn das würde Hölle bedeuten. Der Baum des Lebens kommt zu uns in Form von Christus als der Gekreuzigte. *Er* bringt damit den Weg zum ewigen Leben. Wer mit Christus gekreuzigt wird, mit dem Baum des Lebens, der wird mit ihm leben, auch ewiglich!

Auch bei Isaak finden wir eine Vordeutung auf Jesu Kreuz. Isaak wird das eigene Holz auf seinen Rücken gelegt, als er zum Opfer geht. Das ist eine Vordeutung auf den kreuztragenden Christus. Aber der Herr nahm das Opfer Abrahams nicht an, sondern zeigte ihm ein Tier, das er anstelle von Isaak opfern sollte.

»Da wies ihn Gott der Herr aus dem Garten Eden, daß er die Erde bebaute, von der er genommen war.«

Es ist interessant, daß es zwei Aussagen über die Erschaffung des Menschen gibt. Beide ergänzen und vertiefen einander: die erste im Schöpfungsbericht, wie Gott uns geschaffen hat; die zweite im zweiten Teil des Schöpfungsberichts, daß wir aus Erde gemacht sind, daß Gott uns aus Ton geformt oder aus Erde gemacht hat. Das ist kein Widerspruch, sondern eine Vertiefung und Ergänzung. Das erste will zeigen, daß wir in Gottes Bild geschaffen sind, von dem Himmlischen kommend. Das zweite (Erde) will zeigen, daß wir im Tod geschaffen sind. Beides ist wahr, es ist kein Widerspruch. Die Bibel beinhaltet keine Widersprüche. Wer tiefer sieht und denkt, sieht keinen Widerspruch, sondern nur eine neue, vertiefte Wahrheit. Gott schuf uns in seinem Bild, vom Himmel aus durch das Wort, das lebendige Wort, das in Christus Fleich geworden ist – wahrer Gott und wahrer Mensch für uns. Gleichzeitig sind wir aus Erde erschaffen, das bedeutet, aus dem Tod gemacht. Das bedeutet auch, daß es zwei Wege für die Menschen gibt: entweder der Weg in Gottes Ebenbildlichkeit durch Christus, der die Ebenbildlichkeit wiederhergestellt hat, in der wir gleich wie Gott sein werden, gleich wie Christus (so steht es an mehreren Stellen im Neuen Testament); doch zugleich sind wir Erde, aus Erde gemacht, das bedeutet, wir sind dem ewigen Tod übergeben. Wir sind aus dem ewigen Tod geschaffen: die Vordeutung des Sündenfalls in der Schöpfung selbst. Beide gehören dazu. Was bedeutet hier diese Erde?

»Da wies ihn Gott der Herr aus dem Garten Eden, daß er die Erde bebaute, von der er genommen war.« »Genommen« bedeutet, er ist von dem Tod genommen, er gehört zum Tod. Gott hat jetzt die Todesstrafe über ihn ausgesprochen: »Denn du bist Erde und sollst zu Erde werden.« »Erde« bedeutet damit auch den Bereich außerhalb des Paradieses, außerhalb der absoluten Zugehörigkeit zu Gott. Doch außerhalb des Paradieses ist der Tod. Aber »Erde« bedeutet auch die Welt, die Gott geschaffen hat, in der wir jetzt leben sollen, indem Christus zu uns auf die Erde kommen wird, um uns aufzusuchen. Man denkt immer wieder zu Weihnachten, daß Gott nur jetzt auf die Erde gekommen sei. Gott war aber immer auf der Erde. Für jeden Juden ist dieser Gedanke nicht fremd. Gott war immer hier auf Erden, er war nicht nur im Himmel.

Das wird im Alten Testament an mehreren Stellen deutlich: Er führt Israel durch die Wüste, dann im heiligen Krieg. Er, sein Name, sein Wesen wohnte im Tempel. Gott läßt uns nicht allein. Er ist nicht nur ein ferner Gott, Gott ist immer auch ein naher Gott. Der Unterschied ist aber, daß er in Jesus Christus mit Fleisch und Blut als Mensch unter uns lebte. Dabei war es nicht mehr so wie einst, als er noch im Tempel war. Das bedeutet, hier sucht er uns auf. Dort blieb er in seinem geschlossenen Raum, den auch der Hohepriester nur einmal im Jahr berühren durfte, im

Allerheiligsten. Nur Gott konnte dort sein. Aber Christus kommt und geht auf dieser Erde auch in den Tod, in unseren Lebensbereich, und machte ihn zu dem seinen. Durch seine Kreuzigung und Auferstehung ebnete uns Jesus den Weg zurück ins Paradies (Himmelreich), so daß wir ihm dann gleich werden.

Kain

Und Adam erkannte sein Weib Eva, und sie ward schwanger und gebar den Kain und sprach: Ich habe einen Mann gewonnen mit Hilfe des Herrn. Danach gebar sie Abel, seinen Bruder. Und Abel wurde ein Schäfer, Kain aber wurde ein Ackermann.

Es begab sich aber nach etlicher Zeit, daß Kain dem Herrn Opfer brachte von den Früchten des Feldes. Und auch Abel brachte von den Erstlingen seiner Herde und von ihrem Fett. Und der Herr sah gnädig an Abel und sein Opfer, aber Kain und sein Opfer sah er nicht gnädig an. Da ergrimmte Kain sehr und senkte finster seinen Blick. Da sprach der Herr zu Kain: Warum ergrimmst du? Und warum senkst du deinen Blick? Ist's nicht also? Wenn du fromm bist, so kannst du frei den Blick erheben. Bist du aber nicht fromm, so lauert die Sünde vor der Tür, und nach dir hat sie Verlangen; du aber herrsche über sie. Da sprach Kain zu seinem Bruder Abel: Laß uns aufs Feld gehen! Und es begab sich, als sie auf dem Felde waren, erhob sich Kain wider seinen Bruder Abel und schlug ihn tot.

1. Mose 4, 1-8

Hier ist bezeichnend, daß Kain, der böse Kain, zuerst geboren wurde, vor Abel. Warum? Weil Kain von Anfang an ein besonderes Zeichen des Sündenfalls war, des Wegfalls vom Herrn durch seine Eltern. Diese zeichenhafte Bedeutung Kains wird dann später durch sein sogenanntes Kainszeichen vertieft. Hier ist auch ein Grund, warum wir von der Erbsünde reden. Der älteste Sohn ist der besondere Erbe im Alten Testament.

Diese Trennung von Gut und Böse, von Segen und Fluch, ist ein gesamtbiblisches Thema, welches hier eine große Bedeutung bekommt. Abel ist gesegnet, Kain ist verflucht. So geht es durch die ganze Urgeschichte, sogar so, daß nur eine Familie, die Familie Noahs, gesegnet, aber der Rest der Menschheit verflucht wird.

Können wir dann so naiv von guten Menschen, von Mitmenschlichkeit als Maßstab aller Dinge reden? Mit der Erwählung Israels wird das Volk Israel gesegnet, aber die heidnische Welt steht außerhalb dieses Segens – mit Ausnahme von Menschen wie Rahab von Jericho oder die Ägypter, welche mit Israel ausgezogen sind, Menschen, die sich dem Gottesvolk anschließen. Aber dann trennt Segen und Fluch Gottes Volk selbst. Die Propheten und die wahren Gläubigen sind die Gesegneten, aber das abgefallene Volk, ihre falschen Propheten, Priester und auch Könige werden verflucht. *Gottes Segen ist der gekreuzigte Jesus mit seinen segnenden, ausgebreiteten Armen.* Wer ihm wirklich gehört, wird unter dem Kreuz gesegnet, aber außerhalb dieses Bereiches waltet, wie Paulus so oft betont, Gottes Zorn. Wir sollten die Verheißung an Abraham nicht vergessen, die immer noch Gültigkeit hat: Abraham (Stellvertreter des Volkes Israel), ich will segnen, die dich segnen, und verfluchen, die dich verfluchen; und in dir sollen gesegnet werden alle Geschlechter auf Erden.

Abel, der Gesegnete, ist Hirte. Damit fängt eine lange Liste von erwählten Hirten an, wie zum Beispiel Abraham, Mose, David und die Hirten, die auf den Feldern von Bethlehem zur Zeit der Geburt unseres Herrn ihre Schafe hüteten, die ihm dann begegneten und von ihm verkündigten. Warum die Hirten? Weil die Hirten für die Herde (das Volk) eingesetzt sind.

Durch die ganze Bibel läuft dieses Thema: Hirte und Herde, gute wie schlechte Hirten. Wir werden mit Schafen verglichen, weil ein Schaf sich nicht wehren kann. Wir bleiben damit den Mächten der Sünde, Satan und Tod vollständig ausgeliefert. Jesus Christus, der Herr, ist unser wahrer, endgültiger Hirte.

Opfer – noch ein zentrales biblisches Thema erreicht hier seinen ersten Höhepunkt. Zwar hat der Herr selbst das erste Opfer im Paradies vollzogen, um Adam und Eva besser zu bekleiden, als sie es selbst vermochten. Das bedeutet, daß der Herr besser für uns sorgt als wir für uns selbst. Opfer hat in der Bibel verschiedene Formen und Bedeutungen. Hier handelt es sich um ein Dankopfer von den Früchten der Felder und von der Herde; Dank für etwas, das der Herr Kain und Abel gegeben hat. Opfer hat zwei Grundbedeutungen: Anerkennung von Gottes Herrschaft über alles, was lebt und sich regt und damit auch über uns selbst, und wahrnehmen, annehmen und bejahen der Gemeinschaft mit dem Herrn, welche er uns gegeben hat und immer wieder geben will.

Warum wurde Abels Opfer angenommen und Kains Opfer nicht? Weil Kain nicht von Herzen, mit seinem ganzen Wesen, geopfert hat. Er erkennt den Herrn nicht als seinen Herrscher an und will seine Gemeinschaft nicht annehmen. Das sehen wir auch so deutlich, als er Gottes Warnung, Gottes Angebot ablehnt. Abel aber opferte von Herzen. Er will den Herrn als Herrscher über alles, was lebt und sich regt anerkennen, vor allem aber auch als seinen persönlichen Herrn. Deshalb bejaht er diese Gemeinschaft mit dem Herrn. Gerade die Betonung von »Fett« verdeutlicht dies. Das Blut gehört dem Herrn, denn das Leben ist im Blut, und das Leben gehört Gott. Der fette, beste Teil gehört dem Herrn, denn das Gute, das Beste kommt von ihm. Später werden zwei Priester, die beiden Söhne Elis, »das fette Teil« für sich nehmen, nicht dem Herrn geben und darum sterben müssen.

Dieses Verhalten bei dem Opfer Kains und Abels verdeutlicht zugleich zwei Glaubenshaltungen unter uns. Die Kains weigern sich, Gottes Herrschaft anzunehmen, vor allem über ihre eigene Person. Der Herrschaftswechsel, was wir Neugeburt nennen, hat bei ihnen nicht stattgefunden. Sie sind selbst Herr ihres Lebens, nicht Christus. Sie sind mündige Bürger, und deswegen werden sie nach eigenem Maßstab entscheiden, was gut und gerecht ist und sich nicht dem Willen des Herrn, ausgedrückt in der Bibel, beugen. Die Kains unter uns können sehr extrem sein, indem sie Gott ganz und gar ablehnen oder als Agnostiker überhaupt nicht nach ihm fragen. Da kann es leicht zu gotteslästerlichen Äußerungen jeder Art kommen, wie in manchen nichtchristlichen Filmen über Jesus. Aber es gibt auch Kains, die nicht so extrem sind. Sie erfüllen ihre »christlichen Pflichten« (wie sie das verstehen) durch Taufe, Konfirmation, christliche Trauung und Beerdigung. Vielleicht gehen sie sogar ab und zu einmal in die Kirche. Aber letztendlich lehnen sie Gottes Herrschaft, Christi Herrschaft über ihre Person ab. Seine Kreuzesgemeinschaft ist nicht wichtig für ihr Leben, sondern was sie denken, was sie tun und wollen. Ihr Gott ist letzten Endes tot, leblos, und damit ist ihre Art von Opfer nur eine Pflicht, nur Form, wie bei Kain, aber ohne tiefen Inhalt.

Manche Menschen behaupten heute, daß der Herr so gütig und gnädig sei, daß wir leben können, wie wir wollen, weil er uns selbstverständlich annehmen werde, weil wir letzten Endes das Gute und Rechte meinen. Ist das wirklich so? Wollen wir immer das Beste für unseren Nächsten oder sogar für unsere Feinde, wie Jesus dies verlangt? Hat nicht manchmal auch unsere Opferbereitschaft mit egoistischen Zwecken und Zielen zu tun: von anderen gut angesehen werden; selbst ein gutes Gefühl dadurch zu bekommen; auch die innere Einstellung: »Wenn ich anderen helfe, habe auch ich ein Recht auf Hilfe, wenn ich selbst in Not komme.«

Wer ehrlich mit sich selbst ist, wer bereit ist, den Balken aus dem eigenen Auge zu entfernen, der weiß, oder sollte wissen, wie es wirklich um uns steht. Jeder von uns sucht in seiner Art und Weise seinen Teil. Die moderne Psychologie, auch wenn sie keine tiefe Antwort auf dieses Problem bietet, diagnostiziert richtig unsere Selbstsucht und unseren Egoismus.

Der Herr möchte nicht richten. Wie die Bibel an mehreren Stellen bestätigt, möchte er viel lieber gnädig sein. Aber weil er gerecht ist, muß er manchmal ein deutliches Wort sprechen, und nach mehreren Ermahnungen ohne Erfolg kommt es dann zum Gericht. So sehen wir das hier bei Kain. Der Herr sieht in sein Herz. Doch auch wenn Kain ihm gegenüber abtrünnig ist, so will der Herr ihn davor bewahren, einen Brudermord zu begehen. –

Sehen wir hier nicht die enge Beziehung zwischen der später gegebenen ersten und zweiten Tafel Moses? Wenn unsere Beziehung zum Herrn nicht in Ordnung ist, wird und kann unsere Beziehung zum Nächsten auch nicht in Ordnung sein, so sehr wir auch versuchen, diese Tatsachen zu unterdrücken.

Was tut der Herr darauf? Er erkennt den Grimm Kains und bringt seine Ursache schnell ans Licht: »Ist's nicht also? Wenn du fromm bist, so kannst du frei den Blick erheben.« Kain kann dem Herrn nicht direkt ins Gesicht schauen, weil sein Herz in Aufruhr gegen diesen und gegen Abel ist. Er, Kain, ist nur für Kain da. So lesen wir gerade heute, wie in unserer zum großen Teil gottlosen Gesellschaft nur wenige Menschen bereit sind, ihren Mitmenschen in Not wirklich zu helfen. Wohl sind es viele in der Theorie, aber nicht in der Praxis. »Das ist mir egal« sagen sie, wenn jemand Not leidet, solange sie selbst nicht betroffen sind.

Sehr interessant ist hier auch das Wort, der Begriff »vor der Tür« – »so lauert die Sünde vor der Tür, und nach dir hat sie Verlangen«. Die Tür ist der Weg des Eingangs, und zwar zur ganzen Person, zum Herzen eines Menschen. So spielt die Tür zum Tempel eine wichtige Rolle, denn dort war der Weg zum Eintritt in Gottes Haus, in seine Gegenwart. Jesus Christus bezeichnet sich als »die Tür«, und er meint die Tür zur Wahrheit, zum Leben, die Tür zum Himmelreich. Der Herr ermahnt Kain, daß nicht die Sünde, sondern er über sich, sein Wesen und seine Wege herrschen soll. Der Herr will uns so vor Sünde bewahren. Er spricht ständig durch unser Gewissen zu uns. Er bietet auch Kain Beistand an, ihm zu helfen, auch wenn Kain vorher seine Herrschaft und wahre Gemeinschaft durch ein herzloses Opfer abgelehnt hat.

Aber Kain hört nur die Stimme der Rache gegen seinen jetzt bevorzugten jüngeren Bruder. Er ruft ihn auf das Feld und tötet ihn. Wenn wir nicht auf den Herrn hören, muß das nicht zwangsläufig zum Brudermord führen, aber es führt immer zu eigenen Wegen ohne den Herrn, und diese Wege haben keine wahre Zukunft. Ein großer Kirchenfürst unserer Zeit hat im Sterben gebetet: »Herr, vergib uns Kains (uns Christen), denn wir haben unseren Bruder Abel (Israel) getötet.« Jeder von uns sollte aber aus Kains Versuchung lernen.

Wenn unser Leben mit dem Herrn nicht in Ordnung ist, kann unsere Beziehung zu unseren Mitmenschen im Sinne Gottes, in der Tiefe, nicht in Ordnung sein.

Der Herr möchte uns bewahren, uns helfen, aber er zwingt uns nur sehr selten dazu.

Der Herr versucht, uns immer wieder neu zu helfen, auf sein Wort zu hören. Er hat unendlich viel Geduld und möchte viel lieber gnädig sein als richten.

Das Gericht Gottes ist unbestechlich und gerecht.

Deswegen: Hört auf des Herrn Wort, hört auch, wenn er zu euch durch euer Gewissen spricht. Hört auf ihn, indem ihr eure Herzen, euer Wesen für Christus öffnet, daß er euer Herrscher sein und bleiben wird. Dann werdet ihr geschützt und geführt von unserem wahren Hirten auf seinen Wegen bis in sein Reich.

»Wo ist dein Bruder Abel?«

Da sprach der Herr zu Kain: Wo ist dein Bruder Abel? Er sprach: Ich weiß nicht; soll ich meines Bruders Hüter sein? Er aber sprach: Was hast du getan? Die Stimme des Blutes deines Bruders schreit zu mir von der Erde. Und nun: Verflucht seist du auf der Erde, die ihr Maul hat aufgetan und deines Bruders Blut von deinen Händen empfangen. Wenn du den Acker bebauen wirst, soll er dir hinfort seinen Ertrag nicht geben. Unstet und flüchtig sollst du sein auf Erden. Kain aber sprach zu dem Herrn: Meine Strafe ist zu schwer, als daß ich sie tragen könnte. Siehe, du treibst mich heute von meinem Acker, und ich muß mich vor deinem Angesicht verbergen und muß unstet und flüchtig sein auf Erden. So wird mir's gehen, daß mich totschlägt, wer mich findet. Aber der Herr sprach zu ihm: Nein, sondern wer Kain totschlägt, das soll siebenfältig gerächt werden. Und der Herr machte ein Zeichen an Kain, daß ihn niemand erschlüge, der ihn fände. So ging Kain hinweg von dem Angesicht des Herrn und wohnte im Lande Nod, jenseits von Eden, gegen Osten.

1. Mose 4, 9-16

Diese Fragestellung ist sehr merkwürdig. Hat nicht der Herr nach dem Sündenfall, als Adam und Eva versuchten, sich vor ihm zu verstecken, gefragt: »Wo bist du, Adam?« Damals bedeutete diese Frage: Adam, wie ist deine Lage. Du kannst dich nicht vor mir verstecken. Dieses Versteckspiel nimmt neue Formen an, als Adam die Schuld Eva zuweisen möchte und Eva diese an die Schlange weitergibt. Das bedeutet, daß sie alle beide nicht bereit sind, ihre wahre Lage zu erkennen. Im Grunde genommen wollen sie sich vor der Wahrheit verstecken, wie auch wir uns öfter vor unseren Nachbarn verstecken wollen, damit sie nicht merken, was wir getan haben, oder noch tiefer, was unsere wahren Motive sind. Dieses Versteckspiel ist aber letzten Endes der Versuch, uns selbst vor der Wahrheit über uns zu verstecken. Haben wir nicht immer »gute Gründe«, uns selbst in Schutz zu nehmen, uns zu vergeben? Deswegen Gottes Frage: »Wo ist dein Bruder Abel?« Das bedeutet wie bei Adam, daß Kain diese Tatsache nicht vor

Gott verstecken kann. Aber zugleich soll Kain bewußt werden, was er getan hat. Wie Adam sich vom Herrn entfernte (der zukünftigen ersten Tafel Moses), so verging sich Kain durch seinen Brudermord im mitmenschlichen Bereich (an der zukünftigen zweiten Tafel Moses –»Du sollst nicht töten«). Hier erfolgt eine grundsätzliche Bestandsaufnahme durch die richtenden Augen Gottes.»Was hast du getan, Kain?« Wer sich jetzt nicht durch Gottes richtendes und rettendes Wort schonungslos in Frage stellen läßt, der wird ohne sein rettendes Zeichen, sein Kreuz, ungeschützt ins Gericht kommen. Wir können uns zwar oft vor unseren Nachbarn verstecken und verstellen. Wir können uns auch selbst von unseren Taten und unseren guten Motiven überzeugen, aber der Herr sieht und weiß alles. Er wird es im Gericht ans Licht bringen, wenn wir es nicht jetzt in Demut, Buße und Dankbarkeit für seine Kreuzeskraft der Vergebung vor ihn bringen.

»Ich weiß nicht; soll ich meines Bruders Hüter sein?« Kain lügt Gott direkt an, als ob die Aussage, die Infragestellung des Herrn ihn überhaupt nichts anginge. Er bleibt in seinen Abwegen ganz und gar konsequent, bis hin zur Strafe. Hat er nicht Gottes warnende Stimme mißachtet, bevor er Abel tötete? Dazu ist er auch noch frech in seiner Antwort:»Soll ich meines Bruders Hüter sein?« Was für ihn bedeutet: Nein, das ist nicht mein Auftrag, ich bin für mich selbst da, für mich allein. Ist aber diese Antwort nicht sehr modern? Die Großfamilie wird durch unseren Egoismus zuerst in Frage gestellt, dann die Familie selbst, dann die Ehe.

Unser Egoismus – ich bin nur für mich da – stellt im Grunde alles in Frage, was uns selbst letzten Endes helfen kann: Menschen, die uns nahestehen und uns lieben, und einen schützenden Gott. Kains so moderne Auffassung ist der Weg zu der selbstmörderischen, selbstzerstörerischen Welle unserer Zeit, zu unserer vereinsamten, egoistischen Welt. *Wer im Grunde nur für sich selbst handelt, handelt letzten Endes gegen sich selbst.* Absoluter Egoismus bedeutet im Endeffekt Selbstzerstörung. Niemand ist eine Insel, niemand lebt allein. Nur in der Liebe, welche Jesus Christus selbst ist, können wir diesen Grundegoismus, die Erbsünde überwinden. Jesus antwortet im Neuen Testament sehr direkt in Beziehung zu dieser Frage Kains mit dem Beispiel vom barmherzigen Samariter. Jeder in Not ist unser Nächster. Um ihn sollen und müssen wir uns sorgen. Aber unsere Hilfe soll Leib, Geist und Seele umfassen, nicht nur seine äußerliche Not. Besuche im Krankenhaus zum Beispiel sind sehr wichtig, wenn unser Nächster in

Not ist, aber mit ihm dann zu beten ist noch wichtiger, denn jeder in Not braucht Gott, seine Zuwendung, seine Nähe.

»Die Stimme des Blutes deines Bruders schreit zu mir von der Erde.« Das Leben gehört Gott, nicht uns. Wenn wir einen anderen töten, richtet sich dieses Verbrechen damit nicht nur an unseren Nächsten und an uns selbst, unser besudeltes Selbst, sondern auch an Gott, den Urheber des Lebens, und später den Urheber des Gesetzes. Kain befindet sich damit in der gleichen Lage wie später solche Glaubenshelden wie David und Saulus/Paulus. Kain aber ist alles andere als ein großer Glaubensheld. David hat Uria, Batsebas Mann, umgebracht und unbewußt sein eigenes Todesurteil ausgesprochen. Saulus/Paulus eiferte gegen die Gemeinde Jesu im Namen des Gottes Israels. Doch dann vor Damaskus wird es ihm offenbart, daß Jesus der wahre Gott Israels ist und daß er am Tod des Stephanus mitbeteiligt war. Alle drei haben den Tod verdient. Aber alle werden auf ganz unterschiedliche Art und Weise geschützt: Davids Strafe wird auf seinen unehelichen Sohn übertragen und dann weitergeführt durch den Ungehorsam, die Aufstände und das todbringende Tun seiner Söhne. Saulus/Paulus, der viel für den Herrn leiden muß, überlebt jedoch durch ein Wunder seine Steinigung. Er starb dann als Märtyrer des Herrn. Aber Kain hat keine Buße getan wie David, noch wird er ein großer Gottesdiener wie Paulus, und trotzdem schützt der Herr ihn durch dieses Kainszeichen. Kains Bluttat zeigt, wie tief die Menschen durch Erbsünde gefallen sind. Die Sünde von Adam und Eva, Entfernung von Gott, führt zur Entfernung der Menschen untereinander, zum Bruderhaß, zu Kains Mord an seinem Bruder. Jede Gottesferne führt zu einem gestörten Verhältnis zu unseren Mitmenschen, denn Nächstenliebe kommt aus Gottesliebe, und Gott selbst ist die Liebe. Deswegen das kalte und egoistische Klima unserer Zeit, daß Menschen wochenlang tot in ihrer Wohnung liegen können, ohne daß jemand davon weiß. Wer nur für sich selbst da ist, sieht nicht die Not seines Nächsten, sondern nur seine eigene Not.

Warum steht da: »Die Stimme des Blutes deines Bruders schreit zu mir von der Erde«?

Der Tod spricht auch. Seine Sprache scheint absolut, endgültig zu sein. Wer bei einem Toten gewesen ist, weiß, wie unheimlich das alles ist, denn der Tod strahlt eine Art von Macht, von lebendiger Macht aus. Ohne Christi Kreuzestod ist der Tod letzten Endes allmächtig, denn er gewinnt volle Macht über unsere ganze Person, über unser ganzes Leben. Das Leben ist im Blut, und das Leben gehört Gott. Deswegen schreit dieses Blut zum Himmel. Aber trotz Kains Tun und trotz seiner frechen Antwort an Gott bleibt der Herr auch ihm nicht nur als Richtender nahe. Kain fleht zum Herrn, wie ungeschützt er ohne Gott sein wird, daß seine Strafe für ihn zu schwer zu tragen sei. Der Herr zeigt sich darauf auch als schützend, als gnädig, ohne Kains Verdienst. Wie der Herr Adam und Eva mit einem Fell bekleidet hat, um sie zu schützen, so schützt er Kain durch dieses Kainszeichen. *Wer absolut schutzlos ist, wer absolut in Not steht, auch wegen seiner Schuld, dessen Flehen hört der Herr immer noch. Das darf jeder in Not wissen, auch ein Verbrecher, ein Mörder.*

Warum so ein Zeichen? Es gibt in der Bibel mehrere solche Zeichen, wie die Beschneidung, das Kreuz oder wie das Malzeichen des Antichristen. Kains Zeichen bedeutet: Hier sieht man den Brudermörder, der unstet ist auf Erden, dessen Felder nicht genug Ertrag bringen (Vergeltung für sein falsch verstandenes Opfer).

Aber dieses Zeichen bedeutet auch Schutz, Geschütztsein durch den Herrn selbst, den Schöpfergott, der ihn siebenfältig rächen wird, wenn jemand etwas gegen ihn unternimmt.

Hat nicht Jesus Christus in seiner Bergpredigt uns alle als Brudermörder offenbart? Denn wer hat niemals seinen Bruder gehaßt? Wer ihn aber gehaßt hat, der hat ihn im Geist umgebracht. Sind es nicht auch zwei Mörder, welche neben Jesus gekreuzigt wurden, einer zur Rechten und einer zur Linken? Das Blut ihrer Opfer schreit auch zum Himmel wie damals Abels Blut. Aber der eine Mörder lästert Gott, und der andere tut Buße, erkennt die Schuld bei sich selbst, erkennt Jesus als seinen Herrn und den Herrn über das Himmelreich, wohin seine Bluttat schreit. Zu diesem bekennt sich Jesus: »Heute wirst du mit mir im Paradiese sein.« Kains Lage ist unsere Lage, denn nach der Bergpredigt sind wir alle Brudermörder in Gottes Augen. Das wahre und endgültige Zeichen von Gottes Schutz gegen die Todesstrafe, sein Kreuz, wird uns Kains zugute kommen, wenn wir unseren Wanderweg hier auf Erden unter seinem Kreuz gehen. Wenn nicht, bleiben wir unstet und flüchtig auf Erden ohne tiefen Ertrag im Sinne des Sämanns, in bezug auf Jesus Christus. Unsere endgültige Ortsbestimmung wird dann außerhalb des Paradieses sein. »So ging Kain hinweg von dem Angesicht des Herrn und wohnte im Lande Nod, jenseits von Eden, gegen Osten.«

Lamech, Set und Enosch

Und Ada gebar Jabal; von dem sind hergekommen, die in Zelten wohnen und Vieh halten. Und sein Bruder hieß Jubal; von dem sind hergekommen alle Zither- und Flötenspieler. Zilla aber gebar auch, nämlich den Tubal-Kain; von dem sind hergekommen alle Erz- und Eisenschmiede. Und die Schwester des Tubal-Kain war Naama. Und Lamech sprach zu seinen Frauen: Ada und Zilla, höret meine Rede, ihr Weiber Lamechs, merkt auf, was ich sage: Einen Mann erschlug ich für meine Wunde und einen Jüngling für meine Beule. Kain soll siebenmal gerächt werden, aber Lamech siebenundsiebzigmal. Adam erkannte abermals sein Weib, und sie gebar einen Sohn, den nannte sie Set; denn Gott hat mir, sprach sie, einen andern Sohn gegeben für Abel, den Kain erschlagen hat. Und Set zeugte auch einen Sohn und nannte ihn Enosch. Zu der Zeit fing man an, den Namen des Herrn anzurufen.

1. Mose 4, 20-26

Wer sind die Eisenschmiede in der Bibel? Wer verlangt, daß Israel keine Eisenwaffen herstellt, weil sie das Monopol behalten wollen? Wer hat dieses Geheimnis? Das sind die Philister. Was bedeutet das Wort »Palästina«? Land der Philister, nicht wahr? An welches Volk denken wir, wenn wir an Zeltbewohner denken? An die Araber. Das ist sehr interessant. Diese beiden Völker stammen von Lamech ab. »Und Ada gebar Jabal; von dem sind hergeöommen, die in Zelten wohnen und Vieh halten. Zilla aber gebar auch, nämlich Tubal-Kain; von dem sind hergekommen alle Erz- und Eisenschmiede.« Das ist eine Vorvordeutung. Natürlich wird es eine völlige Zerstörung in der Zeit Noahs geben, durch die alle sterben werden. Aber man kann es auch als Vorvordeutung sehen, um die Philister und die Araber anzudeuten. Auch das Problem Isaak und Ismael ist ähnlich gelagert. Es ist das Problem Israels und der arabischen Welt. Die Verheißungen an Abraham, Isaak und Jakob sind die Verheißungen des Segens Gottes, aber für alle Völker, also auch für gläubige Araber.

Die Araber sind ein großes Volk; und Israel muß damit fertigwerden. Was würde mit dem kleinen Volk Israel, dem Wandervolk Gottes passieren, wenn ein palästinensischer Staat, ein Staat aus den Eisenschmieden und den Zeltbewohnern, dort im kernbiblischen Land entstünde? Denn im Kernland ist auch Hebron, die zweitwichtigste Stadt in der Bibel.

»Lamech sagte zu seinen Frauen: Höret meine Rede, ihr Weiber Lamechs, merkt auf, was ich sage: Einen Mann erschlug ich für meine Wunde und einen Jüngling für meine Beule.« Das sagt er zu Frauen, die nicht gewalttätig sind. Das bedeutet: Wir leben von Gewalt, und ich bin als der Rächende da. Hier müssen wir ein gesamtbiblisches Thema ansprechen, und das ist das Thema »Auge für Auge, Zahn um Zahn; Blutrache – Feindesliebe«. Dieses Thema erreicht hier einen ersten Höhepunkt. Die primitivste Art von Gerechtigkeit, die die Welt kennt, ist die Blutrache. Jemand bringt meinen Sohn um, dafür bringe ich seinen Sohn um und vielleicht noch einen zweiten Sohn und eine Tochter, um sofort Rache zu üben. Diese Sache wurde aber im Alten Testament geregelt. Es gab genaue Vorschriften: »Auge für Auge, Zahn um Zahn.« Das Prinzip stand aber nicht jedem frei zur Verfügung, sondern es wurde vorher gerichtlich geregelt, damit es nicht in eine Fehde zwischen den Familien ausartete, die letztendlich alle auslöschen würde, wie es in manchen Teilen der Welt auch heute noch möglich ist. Vor Jesu Zeit war diese geregelte Vorstellung von Rache aber schon durch eine Art Sühnezahlung abgelöst worden. Das Prinzip »Auge für Auge, Zahn um Zahn« wurde beibehalten, aber für eine bestimmte Art der Vergeltung wurde eine bestimmte Geldsumme gerichtlich festgesetzt. Die Rede Jesu richtete sich gegen die Praxis »Auge für Auge, Zahn um Zahn«. Jesus sagte, wir sollten die andere Wange hinhalten, und wir sollten unsere Feinde lieben. Ich denke, inwiefern wir das einhalten können, ist eine andere Sache, oder können wir ein Rechtssystem auf so einem Prinzip aufbauen? Man kann das nicht. Wenn man ein Rechtssystem auf Feindesliebe aufbaut, kann man das nur so verstehen, daß die Vergeltungstheorie immer noch da ist. Denn jemand, der etwas Böses getan hat, fühlt sich nicht versöhnt, bis er es in irgendeiner Art ausgeglichen hat. Das bedeutet, daß der Vergeltungsgedanke in seinem Bewußtsein weiterlebt, ob das nun gesetzlich geregelt ist oder nicht.

Wer seine Feinde wirklich liebt, der gibt jemandem, der tatsächlich etwas Böses getan hat eine Gelegenheit, zurechtzukommen mit seiner eigenen Schuld. Ihm gleich zu vergeben, ohne bewußt zu machen, daß Schuld da ist, ist sicherlich kein Weg, denn sein Gewissen redet dann immer noch gegen ihn. Wenn ich etwas Böses getan habe, dann bin ich schuldig. Irgendwie muß das vergolten werden. Irgendwo müssen wir das aber in Einklang mit dem bringen, was Jesus von der Feindesliebe sagte. Das bedeutet aber auch, daß wir Menschen, die schuldig sind, die Gelegenheit geben, daß sie ihre Sühne durch Strafe finden. Strafe nicht im Sinne von Rache, sondern Strafe im Sinne von Feindesliebe.

Die einzige Möglichkeit, die wahre Feindesliebe zu zeigen, besteht darin, dem Schuldigen Gelegenheit zu geben, um seines Gewissens willen bestraft zu werden. (Das haben mir Kriminalpsychologen mehrfach bestätigt.) Damit er sozusagen weggehen und sagen kann:»Ich habe für das, was ich getan habe, bezahlt.«

Es gibt heute eine sehr interessante Art, wie Richter in Amerika bei bestimmten Verbrechern vorgehen. Es gab zum Beispiel einen Rassenfanatiker, jemand, der sehr gegen die Farbigen war. Er betrieb alle möglichen Dinge mit dem Ku-Klux-Klan. Als Strafe mußte er ein Jahr lang in einer schwarzen Kirche arbeiten. Mit der Zeit fing er an, in seinem Feindeshaß zu merken, daß auch die Farbigen keine Feinde, sondern Menschen wie er selbst sind. Das ist eine sehr gute Art der Bestrafung im Sinne der Feindesliebe, so konnte Verständnis für diese Menschen aufgebaut werden.

Doch nun zurück zu unserem Text. Interessant und faszinierend ist daran folgendes: zum einen, daß Lamech so zu seinen Frauen redet. Daß ein Mann seinen Feinden mit dem Tod droht, ist noch verständlich, obwohl er natürlich ein Bösewicht ist. Aber daß er sogar zu Frauen, die Abscheu gegen Gewalt haben, so redet und stolz damit angibt, ist ungewöhnlich. Aber sehen wir, wie diese Rede weitergeht, dann ist sie gesamtbiblisch sehr aufschlußreich: »Kain soll siebenmal gerächt werden, aber Lamech siebenundsiebzigmal.«

Das hat mit der heiligen Zahl sieben zu tun, die die Zahl der Schöpfung ist. Wer hat für Kain gebürgt, daß er siebenmal gerächt würde? Gott in 1. Mose 4, 15. Aber wer bürgt für Lamech? Er selbst. An welche Stelle setzt er sich damit? An Gottes Stelle; doch nicht nur das, er überbietet Gott sogar. Gott würde siebenmal rächen, er aber würde siebenundsiebzigmal rächen, also öfter als Gott. Satan ist der Nachahmer Gottes. Er nimmt die Zahlen der Schöpfungszahl, als ob er der Herr der Schöpfung sei, aber er ist nicht der Herr der Schöpfung. Über welchen Bereich möchte er eigentlich herrschen? Siebenundsiebzigmal soll nicht das Leben gerächt werden, sondern der Tod. Er, der kein Leben geschaffen hat, er, der nicht die Welt, diese Zahl sieben geschaffen hat, sondern der nur zerstören will. Mit meinen Konfirmanden sprach ich über Ersatzglauben, und einer sagte:»Ja, zum Beispiel Satan anbeten.« Die Satansanbetung ist anscheinend unter Jugendlichen bekannt. Aber was ist der Unterschied zwischen der Satansanbetung und der Anbetung Jesu Christi? Es ist offensichtlich, daß Satan zerstören will, doch Christus möchte das nicht; seine Zielsetzung ist Liebe und Gerechtigkeit, Liebe und Bewahrung. Dieser Lamech redet im Sinne der Schöpfungszahl, stellt sich an Gottes Stelle und spricht nur über Massenzerstörung. Da sehen wir das Satanische; satanisch, weil er sich an Gottes Stelle setzt, aber nur, um zu zerstören und Gott nachzuahmen.

Später nimmt Jesus direkten Bezug auf diesen Text: siebenmal siebzig – erst kommt die sieben, das heißt, Gott schützt (Kain); dann steigert Lamech mit siebenundsiebzigmal, aber Jesus gebietet siebenmal siebzig (= 490 – das ist etwas mehr als sieben oder siebenundsiebzig) zu vergeben.

Jesu Gnade, Jesu Rettungskraft übersteigt die schlimmste verbrecherische und zerstörerische Kraft Satans. Jesus ist nicht da, um zu zerstören, aber er ist sicherlich trotzdem auch ein richtender Gott.

Jesu Antwort auf Blutrache ist sein eigenes Blut am Kreuz, das er anstelle von allem, was mit Haß, Gewalt und Rache zu tun hat, opfert. Er starb als Unschuldiger für uns Schuldige. Jesus könnte sagen: Mein Tod bedeutet die Versöhnung der ganzen Welt, die Antwort auf die Rache und den Haß Lamechs für alle Zeiten. So sehen wir hier, und das ist sehr interessant, gerade in dem Negativen, wie es bei Lamech vorkommt, eine Christusantwort. Je mehr wir uns mit dem Negativen beschäftigen, desto mehr verstehen wir, wie unendlich groß Jesu positive Aussage ist, dessen Blut unendlich große Versöhnungsaussage und -kraft hat, wo Lamech nur Zerstörung anbieten kann. Es ist trotz allem offensichtlich, daß die Lamechs die Welt nicht in der Hand haben, denn sonst würde die Welt schon lange nicht mehr existieren.

Camus schreibt in seinem berühmten Buch »Die Pest«:»Das Böse wird immer wieder neue Wege finden.« In seinem Roman kommt die Pest in Nordafrika in den vierziger Jahren auf. Niemand weiß, woher sie kommt, aber nachher werden die Historiker es erklären können. Danach sind alle immer sehr schnell mit Erklärungen bei der Hand:»Oh, wir wissen jetzt genau, warum das passiert ist.« Aber das ist alles Unsinn, denn wenn wir es wirklich wissen sollten, dürfte es das neue Böse nicht immer wieder geben.

In einer ganz neuen metaphysischen Art bricht nun das Böse auf, wie zum Beispiel Aids. Plötzlich bricht eine Seuche aus, oder ein Diktator wie Hitler oder Stalin oder der fanatische Islam erheben sich. Wir versuchen, es in den Griff zu bekommen, aber es gelingt uns nicht. Trotzdem gewinnt das Böse nicht. Das Böse, Satan, kann die Welt nicht endgültig unterwerfen, denn das Gute, Gott, ist sein Gegenspieler, der danach trachtet, aus Unordnung Ordnung zu machen und aus Rache Versöhnung und Liebe werden zu lassen. Denn wenn das metaphysische, satanisch Böse permanent vorhanden ist, aber die Welt dennoch nicht davon zerstört wird, so muß dem ein allmächtiger Gott gegenüberstehen. Das wird auch in dieser Anspielung sehr deutlich: Kain, Lamech – und Jesus als Antwort, die Überbietung im positiven Sinn von all dem, was diese an Negativem anbieten.

Hier haben wir die erste Möglichkeit des unbegrenzten Bösen. Hitler war nicht neu, Massenmörder hat es immer gegeben, das geht bis in die Urgeschichte von Lamech zurück. Was bedeutet Massenmord? Was ist der Unterschied zu dem Sündenfall oder dem Brudermord? Hier geschieht eine Steigerung im Vergleich zu Adam und Kain. Massenmörder ist einer, der meint, daß das Leben letzten Endes gering ist. Doch wenn das Leben von anderen gering ist, sollte man konsequenterweise auch einsehen, daß das eigene Leben genauso gering ist. Aber hier vollzieht sich die Verherrlichung der eigenen Person auf Kosten der anderen Menschen. Das ist die entgegengesetzte Aussage zu Christus. Denn Christus benötigt keine Supermenschen, Übermenschen im Sinne Nietzsches (der hier in diesem Sinne ein Vorläufer Hitlers war). Jesus geht zu einfachen Menschen, er solidarisiert sich mit armen und einfachen Menschen, um zu zeigen, daß in seinen Augen jeder Mensch den gleichen Wert oder Nicht-Wert hat: Wert, weil Jesus der Schöpfer und Erlöser ist, Nicht-Wert, indem der Mensch verfallen und verloren in sich selbst ist. Aber die Einstellung, daß mein Leben 77 andere wert ist, ist eine antichristliche Auffassung der Wirklichkeit: Mein Leben ist wichtiger als alle anderen Leben. Doch Jesus antwortet, indem er sein eigenes Leben für alle Menschen opfert.

Hitler, mit Stalin der größte Massenmörder, hat das deutsche Volk ausgenutzt, doch er hatte nur Verachtung für das deutsche Volk. Er hat die Deutschen für dumm erklärt. Er wußte genau, daß er mit diesem Volk machen konnte, was er wollte. Doch am Ende meinte er, daß das Volk nicht gut genug für ihn war. Er mißbrauchte das deutsche Volk für sein Ziel, den Massenmord gegen Gottes erwähltes Volk: eine Selbstverherrlichung sondergleichen. Es bedeutet, sich an Gottes Stelle zu setzen. Seine ganze

Sprache ist darauf angelegt: Ein Volk, ein Land, ein Führer. Im 5. Buch Mose, im Deuteronomium, steht dagegen: Ein Gott, ein Volk, ein Land. Hitler setzte sich an Gottes Stelle. Sein Prinzip war Zerstörung. Er verherrlichte sich, indem er andere zerstörte. Gibt es das Prinzip, das antichristliche Prinzip, aber nicht in jedem von uns? Liegt es nicht in jedem von uns? Wir vergleichen uns mit anderen: »Ich bin klüger, ich bin hübscher, ich habe mehr Humor, ich habe mehr soziales Engagement«. Wir vergleichen uns ständig mit anderen und stellen uns über die anderen, geben uns einen höheren Wert. Das ist das antichristliche Prinzip, die Selbstverherrlichung der eigenen Person auf Kosten des anderen. Christlich denken bedeutet aber genau das Gegenteil: »Herr, ich bin nicht besser, ich bin eher viel schlechter...« – Das sagte einer, der viel klüger war – Paulus: Ich bin noch viel schlechter. Ich muß sagen, daß das mich selbst sehr persönlich angeht, denn ich war sehr arrogant. Als Student hatte ich ziemlich große Verachtung für die meisten meiner Professoren; ich hielt mich für klüger, auf dem Gebiet der Lyrik begabter usw. Aber ich habe gelernt; der Herr hat mich erniedrigt, er hat mich gelehrt, daß wer sich erhöht, erniedrigt werden wird. Das Prinzip der eigenen Erhöhung ist das Prinzip des Antichristen. Was ist die Zielsetzung des Antichristen? Sich selbst zu erhöhen, angebetet zu werden, so daß ein Lamech zu seiner Frau sagen kann: »77 müssen für mich sterben!« Das bedeutet hier unendlich viele. Doch das Grundprinzip des christlichen Glaubens ist: »Herr, ich bin nicht besser, ich bin ein verlorener Mensch. Ich kann mich nicht über andere erheben denn ich bin noch viel niedriger.«

Deswegen ist Maria für Luther die allerhöchste Person; weil sie nichts aus sich selbst gemacht hat; sie wußte, daß sie nur eine einfache Magd, nichts Besonderes war. Das ist christliches Denken. Nicht mich mit anderen zu vergleichen und mich zu überheben macht mich zu etwas Wichtigem, sondern die Erkenntnis: »Herr, ich bin nichts. Alles, was ich habe und bin, kommt von dir.« Es geht weder um Intelligenz noch um Sozialverhalten noch um irgend etwas anderes, jeder hat seinen eigenen, besonderen Bereich. Christliche Antwort ist nicht die Erhöhung, sondern die Erniedrigung.

Jeder ist für Jesus gleich, keiner ist besser, keiner ist schlechter. Sein Angebot gilt für alle Menschen, auch für Araber, auch für die Feinde Israels, wenn sie Jesus annehmen. Es gibt solche, die das tun im wahrsten Sinn und Jesus zugleich auch als König der Juden annehmen. Sein Angebot gilt für alle Völker, auch für seine

Feinde – Feindesliebe. Nicht Erhöhung, sondern Erniedrigung ist wichtig. Zur Vollendung gebracht, kommt dieser Gedanke in Jesu Kreuz, denn seine Erhöhung ist zugleich seine Erniedrigung. Bei den antichristlichen Gestalten ist die Abfolge umgekehrt: Sie erhöhen sich selbst, werden dann aber mit Gewalt zugrunde gerichtet, erniedrigt.

»Adam erkannte abermals sein Weib, und sie gebar einen Sohn, den nannte sie Set; denn Gott hat mir, sprach sie, einen andern Sohn gegeben für Abel...« Ja, das Leben geht weiter in der Linie des Segens. Denn dies ist die Linie des Segens, nicht die Linie Kains, welches die Linie der Verfluchung ist. Was wäre, wenn nur die Linie der Verfluchung weitergehen würde! Das zeigt Gottes Gnade hier.

Ich komme oft zu einer Familie, aus der eine ältere Person gestorben ist. Man sagt zu mir:»Ja, es ist gut, daß sie/er noch erlebt hat, daß ein Kind geboren wurde.« Es passiert ständig, daß dort, wo der Tod kommt, fast gleichzeitig auch wieder Leben entsteht; ein Zeichen der Kontinuität (der Herr ist der Herr der Geschichte) und ein Zeichen des Trostes. In unserer Gemeinde starb ein Mädchen mit sechs Jahren. Dieses Mädchen hatte an seinem 6. Geburtstag noch gesagt, daß es in die Kinderkirche gehen wolle, um ihren Geburtstag mit Jesus zu feiern. Eine ungeheure Aussage für eine Sechsjährige; und das aus einer Familie, die nicht besonders christlich ist, zwar nicht gegen den Glauben, aber eben nicht besonders christlich geprägt. Also ging sie zur Kinderkirche. Am nächsten Tag ist sie überfahren worden. Wie kann man diese Eltern trösten? Ich habe es mit Matthäus 9,24 versucht. Darin sagt Jesus zu Jaïrus:»Das Mädchen ist nicht tot, sondern es schläft.« Der Mutter gab dies Trost. Sie schläft nur in Gottes Augen, und sie wird zu seinem Reich auferweckt. Sie starb jedenfalls im Glauben. Man kann es wohl nicht hundertprozentig beweisen, aber vielleicht würde dieses Mädchen andere Wege gehen, wenn es länger gelebt hätte. Jesus hat es lieb und hat es darum in sein Reich aufgenommen. Das ist mir sehr klar. Doch nicht immer birgt dies einen Trost in sich. Diese Familie dachte, daß sie keine Kinder mehr bekommen könnte. Sie waren glücklich, daß sie e i n Kind hatten – aber jetzt gibt es noch zwei Kinder in dieser Familie. Ich war sehr froh über die Taufe dieser Kinder. Andere traten an ihre Stelle. Gott hat die Not und die Last dieser Familie gesehen.

Aber jetzt zu Genesis 5: Stammbäume haben in der Bibel eine wichtige Funktion. Warum? Gott möchte als der Herr der Kontinuität, als der Herr der Geschichte gezeigt werden. Mir ist das sehr wichtig, weil die Bibel historisch denkt. Wir leben in einer Zeit, in der die Menschen nicht mehr historisch denken. Was zählt, ist das Heute, die Menschen haben keine Geduld mehr. Sie denken nicht an die Vergangenheit, nur jetzt und die Zukunft zählt.

Diese Art von Denken erinnert mich sehr an das Versagen Israels, zum Beispiel bei der Wüstenwanderung. Gott hat ständig Wunder getan, aber die Wunder wurden vergessen, sobald eine neue Not auftauchte. Aber durch die Bibel werden ständig Zeichen der historischen Kontinuität Gottes gegeben. Warum ist das für unseren Glauben wichtig? Weil wir nicht nur in einer Kette von Gläubigen oder in einer Wolke von Zeugen, (wie das im Neuen Testament steht), leben, sondern auch in einer Kette von eigener Glaubenserfahrung in unserem eigenen Leben stehen. Hier geht es um den Stammbaum von Noah, der sich bis zum Stammbaum Jesu durchzieht.

Gott ist ein Gott der Geschichte. Es würde sehr merkwürdig sein, nicht wahr, einen Gott zu haben, der zu uns steht, aber dann in einer Notsituation plötzlich nicht mehr für uns da wäre. Wie unlogisch und ungöttlich wäre so ein Gott. Das ist absolut unmöglich. Der Gott, mit dem wir es zu tun haben, ist der lebendige Gott Israels. Er hat die Welt erschaffen, er ist der Steuermann der Geschichte. Wenn wir ihn in unserem Sinne in einer bestimmten Zeit nicht spüren, ist das kein Beweis, daß er nicht doch da ist. Es ist nur ein Beweis dafür, daß eine Problematik in unser Leben hereinkam, daß er uns auf eine Probe stellt, oder auf etwas Wichtiges vorbereiten will.

Wir selbst wollen immer wieder der Steuermann sein. Das ist ein Grund, warum Sekten in unserer Zeit solch einen Zulauf haben. Sie bieten die besonderen Erfahrungen, die besonderen Wunder, die besonderen Erlebnisse, eben jetzt und hier. Das ist aber eine absolut falsche Aussage über den lebendigen Gott. Sicher ist er jetzt hier, sicher wird er handeln – aber wann und wie er will.

Ein Stammbaum ist eine Art, das auszudrücken, die historische Kontinuität. Diese Kontinuität geht durch ganze Geschlechter und durch unser eigenes Glaubensleben. Damit will Gott uns bestärken, Vertrauen zu haben. Es gibt kaum ein Beispiel in der Bibel (außer natürlich Jesus selbst) von jemandem, der so viel Vertrauen in den Herrn setzte wie Noah. Sein ganzes Leben ist ein Leben aus Vertrauen. Er tut, was lächerlich ist (eine Arche in einem wüstenähnlichen Gebiet zu bauen). Er gehorchte jedoch dem Herrn, denn er wußte, daß der Herr da ist.

Es war oft so, daß Menschen, obwohl sie wichtige Erlebnisse mit dem Herrn hatten, in die letzte Tiefe des Unrechts gegangen sind (wie David, Hiob oder Paulus). Doch danach hielten sie um so beständiger die Treue zu Gott. Das ist ein schlechtes Zeugnis für den durchschnittlichen Menschen, daß man die Erfahrung machen *muß*, aus dem tiefsten Schlamm gerettet zu werden, um in der letzten Tiefe die Treue zu halten. Leider ist das öfters der Fall. Es müßte aber nicht so sein.

Andererseits gibt es diese Möglichkeit, und das hat auch mit Stammbaum, Kontinuität, mit Kette der Erfahrung zu tun –, daß der Mensch, der als Christ erzogen wird und in einer frommen Familie lebt, von Jugend an lernt, von Kindheit an, für Christus zu leben, und dann an irgend einem Tag merkt diese Person, das ist keine Form mehr, sondern das ist Inhalt. Vielleicht passiert nichts in einem bestimmten Moment, vielleicht ist das eine Sache über Jahre hinweg, wo diese Person immer deutlicher merkt: wenn ich nicht in die Kirche gehe, dann ist irgend etwas nicht da, das mir wichtig ist. Wenn ich nicht in die Bibelstunde gehe, habe ich einen Verlust. Wenn ich nicht zu einer bestimmten Zeit bete, dann fehlt mir etwas. Das ist die andere Art von Kontinuität.

Auch der Stammbaum ist eine der verschiedenen Arten der Bibel, das Historische zu bezeugen. Das ist sehr, sehr wichtig. Wir stehen nicht allein, wir stehen zwischen vielen Gläubigen, wir stehen auch nicht allein in diesem Moment, sondern wir haben eine Erfahrung mit Gott. Viele von uns haben auch einen Stammbaum von Gläubigen, die für uns gebetet und uns so erzogen haben. Das hat alles mit diesem Thema Stammbaum zu tun. Man fragt, warum kommen so viele Stammbäume in der Geschichte der Bibel vor. Um uns die Kontinuität zu zeigen – das ist der Herr, der Herr der Geschichte und der Geschichte mit mir. Er will unser Vertrauen.

Hier in Kapitel 5 wird eine Segenslinie verfolgt. Aus dieser Linie kommen unter anderem folgende Menschen: Henoch, Methusalem (Metuschelach), ein anderer Lamech und dann Noah. Schauen wir diese vier Gestalten genauer an:

Henoch

»Henoch wandelte mit Gott« – nicht hinter Gott, sondern als Gerechter mit Gott. Es gibt nur zwei in der ganzen Bibel, die *mit* Gott wandeln. Wer sind sie? Henoch und der von ihm abstammende Noah. Diese beiden wandelten mit Gott. Weil er mit Gott wandelte, wurde das Todesurteil nicht über ihn ausgesprochen. Er wandelte mit Gott – wie soll man das in Einklang mit der Erbsünde bringen? Das ist ein sehr schwieriges Thema. Die Strafe für Erbsünde ist der Tod. Henoch aber wandelte mit Gott und mußte nicht sterben. Ich glaube, man sollte das wie bei Noah verstehen. »Er war gerecht zu seiner Zeit«, steht bei Noah. Er wandelte auch mit Gott. Das bedeutet, daß er nach dem Gerechtigkeitsmaßstab seiner Zeit, soweit es möglich war, gerecht war. Das bedeutet jedoch nicht, daß er vollkommen war. Henoch wurde entrückt. Entrückung bedeutet aber nicht unbedingt, daß Erbsünde nicht vorhanden ist, denn auch wir werden am Ende der Tage entrückt. Diese Zeit ist sehr nahe.

In 1. Thessalonicher 4 steht, daß die Gemeinde Jesu am Ende der Tage leiblich entrückt wird, ohne zu sterben. Wer von uns würde behaupten, daß wir ohne Erbsünde sind? So gilt dieses »Wandeln *mit* Gott« ebenso wie »Noah war gerecht zu seiner Zeit«, nach dem Maßstab der jeweiligen Zeit. Der Maßstab der Zeit Henochs war: Gehorsam gegenüber Gott. Henoch starb nicht. Er war der erste, der als Zeichen für Gottes Macht über den Tod entrückt wurde. Das bedeutet, daß der Tod nicht stattfinden muß. Wer wurde sonst noch entrückt? Elia. Warum wurde Elia entrückt? Warum gerade Elia? Warum nicht Mose oder irgend jemand anderes? Warum gerade Elia? Elia stirbt nicht, weil er als Johannes der Täufer auf die Erde wiederkommen wird, um mit Vollmacht zu predigen. Wer war der größte Prophet mit dem Wort Gottes? Das war Elia. Deswegen wurde er entrückt. Das lebendige Wort Gottes in ihm, das keine Grenzen kennt – auch der Tod ist keine Grenze – ist in Christus Fleisch geworden. Warum werden wir entrückt werden? Henoch wurde wegen seiner Gerechtigkeit entrückt, Elia wegen seiner Vollmacht im Wort und seinem zukünftigen Auftrag.

Warum wird dann die Gemeinde entrückt werden? Es ist die Erlösung um Jesu willen. Jesus erlöst uns durch sein Blut, damit haben wir Gerechtigkeit und die Vollmacht von ihm durch seine Gerechtigkeit. Wir werden entrückt, bevor Israel gerettet und bekehrt wird. Wir sind gerecht gemacht durch Christi Blut. Henoch und Noah sind Gerechte; ebenso Elia, weil er mit Vollmacht den Weg des Herrn verkündigte.

Methusalem

Er lebte am längsten. Nach Luther durfte er so lange leben, weil er zum gesegneten Teil gehörte. Segen hat meist mit langem Leben zu tun – die Patriarchen lebten sehr lange, weil man, wie Luther sagte, der Schöpferkraft Gottes nahe war. Manche Leute fragen heute: Warum haben wir nicht die Kräfte der Urgemeinde, ständig Wunder zu tun, Hände aufzulegen? Eine Antwort ist: Die Urgemeinde stand der *neuen* Schöpfung ganz nah. Deswegen hatten sie Mächte und Kräfte in sich, die wir nicht mehr in dieser Art und Weise kennen. Haben wir Leute unter uns, die wie Methusalem 969 Jahre leben? Bis jetzt nicht. Wer über 90 wird, gilt bei uns als sehr alt. Aber 969! Doch nahe der alten Schöpfung, der Schöpfungskraft, war langes Leben für den Gesegneten möglich. Wir sind der neuen Schöpfung nicht mehr so nah; wir haben alle mögliche Schuld auf uns geladen, vor allem in bezug auf die Zersplitterung in den Gemeinden, die Verflachung des Glaubens in der Kirche, den Haß gegen Israel. Wir haben alle mögliche Schuld, die uns längst von dieser Art, daß man ständig Kranke heilen kann, entfernt hat. Wer das verlangt, versteht nicht die Tiefe unserer Schuld und der Kreuzesnachfolge.

In der gesegneten Linie gibt es auch einen *Lamech*: Unter den Verfluchten wie unter den Gesegneten? Ich will damit sagen, daß man dadurch auch die Stärke von Gottes Segen sehen kann. In einer Art von Ausgleich gegenüber dem Verfluchten trägt auch in der gesegneten Gemeinde einer diesen Namen (d.h. auch das Wesen). Wie Jesus 70 mal 7 nicht nur als einen Ausgleich, sondern ein Überbieten des Negativen meinte, so ist auch dies eine Art zu sagen, daß es auch für etwas Negatives, etwas Zerstörerisches eine positive Möglichkeit gibt.

Wenn man ehrlich zu sich selbst ist, sieht man, es müßte nicht so sein, daß ich bin wie ich bin. Ich hätte genausogut ganz andere Wege gehen können. Es gibt Momente in meinem Leben, in denen ganz andere Einflüsse hätten überhand nehmen können. Gott sei Dank, daß ich den christlichen Weg gegangen bin. Aber es mußte nicht unbedingt so sein.

Noah

Lamech mit dem so bedeutungsvollen Namen ist der Vater von Noah. Durch Noah wurde eine ganze Welt gerettet. Nicht nur acht Menschen, sondern eine ganze Welt. So antwortet Gott auf Fluch. Er antwortet mit einer ungeheuer großen, segnenden Kraft. Denn was ist der zentrale Fluch in der Bibel? Ein am Holz Aufgehängter ist verflucht bei Gott – Jesu eigenes Kreuz. Jesus antwortet auf diesen Fluch, in diesem Fluch, mit der unendlich großen Kraft des Segens. Alles das hängt zusammen. Aus der Segenslinie kommt *Noah,* der mit Gott wandelt, der gehorsam ist und durch Gottes Kraft, durch die Kraft des Glaubens eine ganze Welt rettet. Wie wichtig doch eine Person sein kann.

Laßt uns darüber im klaren sein, wie wichtig wir für Gott sind. Eine Person wie Noah, Abraham oder Elia steht oft für so viel. Die Makkabäer, eine kleine Familie ganz auf dem Land. Wer würde denken, daß diese Familie Israel errettet? Oder auch die eine zentrale Person, Jesus natürlich, der zugleich Gott ist. Wie wichtig sind ein paar Leute, die wirklich an Gottes Wort glauben und gehorchen. Sie können Menschen, alle möglichen Menschen retten. Jesus übernimmt dieses Bild sehr deutlich in seinem Sämannsgleichnis. Frucht, die 30-, 60-, 100fach trägt. So kann gerettet werden. Durch Noah ist eine ganze Welt gerettet worden. Nehmen Sie nie Ihren Glauben als unwichtig für die Welt. Er ist nicht nur wichtig für Sie; er kann ungeheuer wichtig für die ganze Welt, unsere Welt, sein.

Das ist auch der Sinn dieser ganzen Linie hier. Die Zielsetzung dieser Linie ist der Gerechte, Noah, der aber nicht entrückt wird, sondern *durch* den Tod zu einem neuen Leben geht. Er wird später sterben. Gerade dieses Bild ist das Bild in bezug zur Taufe und in bezug zum Kreuz. Wir sind in Jesu Kreuz getauft.

Jesus wurde nicht entrückt, denn Jesus ist in den Tod und durch den Tod gegangen. Welcher Text übernimmt das im Neuen Testament? Das Noah-Beispiel als in den Tod und durch den Tod gehen, als Vordeutung für die Taufe? (1. Petr 3,18-22). So ist Noah noch wichtiger als Henoch, wichtiger als ein langes Leben (Methusalem).

Wie viele Leute glauben, daß ein langes Leben ein ungeheuer großes Glück ist. Nun, da sollten Sie hören, was alte Menschen zu mir sagen: »Ach, Herr Pfarrer, meine Kräfte lassen nach. Wie lange muß ich das noch aushalten? Ich möchte nicht mehr zu lange leben.« Einmal hat sogar eine sehr fromme Frau zu mir gesagt:

»Beten Sie, daß ich sterbe.« Ich habe ihr geantwortet: Das betet kein Pfarrer, das bete ich auch nicht. Ich bete, daß Sie jeden Tag um Ihr tägliches Brot bitten, und daß Sie selbst zu Gott beten: »Herr, zu deiner Stunde will ich bereit sein zu sterben, aber bis dahin bin ich bereit zu leben.«

Methusalem ist ein Ausdruck (langes Leben) dieser Segenslinie, Henoch (Entrückung) ein anderer, aber der endgültige Ausdruck in dieser ganzen Linie ist Noah. Dieses Bild von Noah ist das Bild, das zu Christus führt. Nicht Henoch, nicht die Entrückung, kein langes Leben, ewig langes Leben, sondern durch den Tod zu neuem und ewigem Leben in dem Herrn.

Doch nun noch zurück zum letzten Satz im 4. Kapitel, der mir sehr zentral scheint: »Zu der Zeit fing man an, den Namen des Herrn anzurufen.« Wir wissen nicht, welcher Name angerufen wurde. Ich weiß nicht, wie dieser Name zu verstehen ist. Name bedeutet Wesen – der Name, das Wesen des Herrn. Hier geht es nicht um die Frage, *wie* dieser Name angerufen wurde. Das wird nicht gesagt. Warum rufen sie Gott an? Vorher tat Gott alles. Gott redete, Gott fing das Gespräch an. Hier riefen sie Gott an, sie flehten Gott an. Warum? Weil dies die Linie des Segens ist; der Gott des Alten Testaments ist der Herr der Schöpfung, der Geschichte, und der Helfer und Retter. Sein endgültiger Name, Jesus Christus, ist der Segen selbst, das Angebot des Segens für die ganze Welt, die Zielsetzung der Schöpfung und von Gottes geschichtlichem Weg, dem Heilsweg.

Gottessöhne und Menschentöchter: Die Grenzüberschreitung

Als aber die Menschen sich zu mehren begannen auf Erden und ihnen Töchter geboren wurden, da sahen die Gottessöhne, wie schön die Töchter der Menschen waren, und nahmen sich zu Frauen, welche sie wollten. Da sprach der Herr: Mein Geist soll nicht immerdar im Menschen walten, denn auch der Mensch ist Fleisch. Ich will ihm als Lebenszeit geben hundertundzwanzig Jahre. Zu der Zeit und auch später noch, als die Gottessöhne zu den Töchtern der Menschen eingingen und sie ihnen Kinder gebaren, wurden daraus die Riesen auf Erden. Das sind die Helden der Vorzeit, die hochberühmten.

1. Mose 6, 1-4

Der Satz direkt davor lautet:»Noah war 500 Jahre alt und zeugte Sem, Ham und Jafet.« Das bedeutet, daß unser Text der letzte Text vor der Sintflut ist. Hier wird über Noah auf der Erde mit seinen drei Söhnen, seiner Frau und seinen Schwiegertöchtern berichtet. Dann kommt der Bericht über »Gottessöhne und Menschentöchter«, darauf folgt die Ankündigung der Sintflut. Das bedeutet, daß diese Zeit die Zeit der Geburtswehen einer neuen Welt ist.

Ein Thema, das durch die ganze Bibel läuft, die Geburtswehen einer neuen Welt und Wirklichkeit. Das Heil ist im Kommen, die Menschen sind da, die Gott zum Heil, zu einer neuen Welt führen will, damit sie ihm nach seinem Gericht opfern können. Gleichzeitig ist aber eine Stufe von Erbsünde erreicht, die alles überbietet, was Gott ertragen kann und wird. Deswegen ist das Gericht beschlossene Sache. Eines steht fest: Ein zentrales Thema durch die ganze Bibel ist: Gericht und Errettung. Auf der einen Seite ist das Gericht beschlossen, die Sintflut kommt, aber auf der anderen Seite ist auch Rettung da.

Als ich mit meinen Konfirmanden über das zweite Gebot nach Mose sprach, fragte ich: »Vor welchem Bild von Gott hat man am meisten Angst?« Jeder hatte am meisten Angst vor Gott, dem Richter. Aber wenn Gott nicht der Richter ist, was kann er dann

53

auch nicht sein? Ein Konfirmand meinte darauf: »Er kann dann auch nicht der Retter sein.« Das ist richtig. Wenn Gott nicht der Richter ist, kann er auch nicht der Retter sein. Denn Gott steht in seiner Gerechtigkeit über uns Menschen und unserer Gerechtigkeit. Wenn wir den Richter ablehnen, lehnen wir zugleich den Retter ab, denn beides gehört zu Gottes Gerechtigkeit. Die Waage der Gerechtigkeit, die in Gerichtssälen überall zu sehen ist, geht auf die dritte Vision von Amos zurück, die Waage der Gerechtigkeit. Gott ist der Richter, der aber nicht nur richtet, sondern auch rettet. Von was? Er richtet Sünde, Teufel und Tod, auch in uns. Das bedeutet, daß sein Richteramt auch ein rettendes Amt ist; beide hängen miteinander zusammen.

Auch vor der Wiederkunft Jesu wird es die Geburtsschmerzen, Geburtswehen einer neuen Welt geben. Es wird nicht der Himmel auf Erden sein, daß die Menschen Frieden, mehr Freiheit und Gerechtigkeit bekommen, aber dann wird Jesus als der Vollender kommen. – Der jetzige Friede ist ein Trugfriede, wie der Friede von Cäsar Augustus, Frieden mit dem Schwert und mit falschem Gesetzverständnis wie das römische; es ist ein trügerischer Friede, ein Friede der Unterdrückung, ein Friede, der in *einem* Land nicht einzieht. Dieses Land heute heißt Israel. Der römische Frieden ist dort nicht eingekehrt. Geburtsschmerzen kommen nicht, weil man nah zu Gottes Reich gekommen ist wie die liberale Theologie und der Positivismus, sondern weil wir in die letzte Tiefe gestürzt sind. Das sagt dieser Text letzten Endes aus. Ein Paralleltext zum Babelsturm, der vor der Berufung Abrahams kommt. Diese Texte haben beide mit dem gleichen Problem zu tun. Interessant hieran ist, daß der Verfall nicht von unten sondern von oben kommt. Es sind nicht die Menschentöchter, die zuerst die gefallenen Engel gelockt haben, sondern die gefallenen Engel gehen zu den Menschentöchtern. Diese verweigern den Zutritt allerdings auch nicht.

Was wir hier haben, ist eine Fortsetzung unseres Verständnisses von Satan. Diese Göttersöhne, diese Engelsgestalten sind gefallene Engel, denn sie fallen hier auf der Erde in Sünde. Es ist eine Fortsetzung des ersten Falls durch Satan. Er fällt vom Himmel weg, denn er will sich an Gottes Stelle setzen. Das wirkt weiter, indem Satan himmlische, gefallene kosmische Kräfte und Mächte in seinen Bann zieht – dann versucht er Adam und Eva. Adam und Eva fangen nicht an, die suchen nicht nach Satan, sondern Satan sucht sie. Er bringt sie zu Fall. Hier sehen wir einen dritten Schritt in diesem Thema, das ist, daß die gefallenen Engel

Frauen auf der Erde suchen und eine Vermischung vollziehen, die gegen Gottes Willen und gegen Gottes Gebot ist. Es ist ein unheimliches Thema, aber leider sehr wahr, daß wir es mit unheimlichen Kräften des Bösen zu tun haben, die eine Macht über uns ausüben.

In bezug auf das zweite Gebot fragte ich meine Konfirmanden weiter, wovor sie mehr Angst hätten: vor einem sichtbaren Satan mit Schwanz, Hörnern und Pferdefuß oder vor *nichts*, etwas, das man nicht sehen, nicht riechen, nicht spüren kann. Die Reaktion war eindeutig. Das *nichts* macht uns viel mehr angst. Wenn der Satan mit Hörnern, Schwanz und Pferdefuß käme, so könnten wir ihn überwältigen und töten. Wir hätten ihn im Griff, nicht wahr? Das ist der erste Schritt zur Verharmlosung von Satan, ihn zum Teufel, zum sichtbaren Teufel zu machen. Der nächste Schritt ist dann zu sagen, dies sei ein lächerliches Bild, es gäbe keinen Satan. Doch dann hat er eine ungeheure Macht über uns; wenn wir abstreiten, daß er existiert. Auch die Konfirmanden haben sofort gewußt, daß das, was man nicht sehen, nicht riechen und nicht spüren kann, viel unheimlicher ist.

Es muß äußerst unheimlich für Petrus gewesen sein, als Jesus zu ihm sagte »du Satan«, nachdem Petrus Jesu Leiden verneint hatte. Wir haben es mit einem ungeheuer mächtigen Gegner zu tun, ob wir das nun wahrhaben wollen oder nicht. Dieser Gegner, und das ist das Interessante hier, steckt in uns, kommt zu uns und ist um uns. Das ist es, was dieser Text deutlich zeigt. Satan ist ein kosmischer Engel. Er hat Macht, die metaphysische Macht des Bösen. Er ist eine Person mit einer unheimlichen Ausstrahlung des Bösen. Seine Zielsetzung ist Vernichtung und Zerstörung. Wohl kommt er mit Mächten und Kräften von oben, aber er findet eine Entsprechung in uns.

Glaubt ihr, daß, als David Batseba baden sieht, Batseba unschuldig ist an diesem Prozeß? Nein, das glaube ich nicht. Sie weiß sicher genau, daß der König da ist und daß sie hübsch ist und daß der König sie sehen wird … sie ist also nicht unschuldig. Glaubt ihr, daß die Menschentöchter hier unschuldig sind? Ich denke nicht, denn sie könnten sich wehren, sie könnten nein sagen. Sie sagen aber nicht nein. Sie lassen sich mit Mächten und Kräften ein, die uns nicht gehören (bestimmt nicht nur im Geschlechtsbereich). Dies ist typisch für das Alte Testament (nicht nur geistlich, sondern auch fleischlich): Leib, Geist und Seele sind eine unzertrennliche Einheit in der Bibel. Da ist auch der Hintergrund, warum ein Jude unrein wird, wenn er Schweinefleisch oder Fleisch von Tieren, das nicht *koscher* ist, zu sich nimmt. Es ist für ihn unmöglich; nicht weil sein Bauch besudelt sein würde, sondern weil sein Geist und seine Seele besudelt wären. Leib, Geist und Seele – er bekäme keine Bauchschmerzen davon, aber sein ganzes Wesen wäre besudelt. Hier geht es bis ins Fleisch hinein, geschlechtlich bis ins Fleisch hinein, das bedeutet, hier vollzieht sich eine Besudelung des ganzen Wesens. Der Verfall kommt von oben, aber dieser Verfall kommt auch zugleich von unten. Denn was von oben kommt, könnte keine Macht über uns haben, wenn wir nicht einwilligten. Jesus betitelte Petrus mit »Satan« oder auch sein eigenes Volk mit »Kinder des Teufels und nicht Abrahams«. Dies ist genau die gleiche Aussage. Sie bedeutet, daß die Macht Satans in uns selbst ist. Man denke nur an die Zeit von Hitler oder Stalin, und man sieht, was für ungeheure satanische Mächte und Kräfte es gibt! Wer Satan verneint, gibt ihm eine noch viel größere Macht. Wenn wir die Existenz Satans verneinen, erlauben wir ihm einen absoluten Freiraum.

Camus sagt am Anfang von »Die Pest«: Das Böse wird kommen, niemand weiß, wann oder wo, aber es nimmt immer eine andere Form an (die Verwandelbarkeit von Satan ist eine biblische Aussage); und nachher werden die Historiker kommen und klug sagen: Jetzt verstehen wir, warum es so war, und wir können alles erklären. Aber das hilft niemand, denn nächstes Mal wird Satan ganz anders kommen, und wir werden genauso unvorbereitet sein. Das ist die Verwandelbarkeit Satans.

Wie ist es hier in Deutschland? Die Entwicklung geht von extremer Überstrenge bis zum moralischen, ethischen Verfall, genau zum Entgegengesetzten, obwohl man auch bei Hitler in einer gewissen Weise vom moralischen und ethischen Verfall sprechen kann. Ein berühmter Oxford-Historiker sagte einmal: »Der Mensch geht immer von einem Übel in das andere Übel.« Diese Feststellung ist richtig, denn das ist satanisch, ist die Verwandelbarkeit Satans.

Was steckt hinter dieser ganzen Sache? Ein Thema, das gesamtbiblisch ist und schon mit der Schöpfung anfängt: Abgrenzung in der Schöpfung zwischen Menschsein und dem, was über dem Menschen ist, was Gott gehört. Eine Bescheidenheit in bezug auf Gott, zu seiner Macht und Kraft, und auch in bezug auf Satan und seiner Macht und Kraft ist nötig. Hier wird für die Menschen eine deutliche Grenze gesetzt. Der Baum des Lebens und der Erkenntnis ist tabu. Das bedeutet, daß das Leben Gott gehört, er gibt das Leben, und er herrscht über Leben und ewiges Leben.

Was ist dann Erkenntnis? Wir besitzen Wahrheit und Leben nicht selbst. Diese Kräfte sind von Gott gegeben und werden auch von ihm genommen. Darunter fallen für mich auch Abtreibung und alle möglichen anderen Themen. Leben und Tod sind Dinge, die ihm gehören und nicht uns. Diese Grenze zum Paradies ist eine deutliche Grenze, die dann in der Grenze zwischen Himmel und Erde übernommen wurde. Sie ist eine Raumgrenze sowie eine Geistgrenze. Denn der Himmel ist da, wo Gott ist. Gott ist eigentlich überall. Aber das, wo Gott und seine Himmelsherrschaft ist, ist unerreichbar für uns. Deswegen stellen wir uns das in einer absolut entfernten Art und Weise vor. Ein sowjetischer Astronaut sagte einmal, wohl sei er im Weltraum gewesen, aber Gott wäre er nicht begegnet. Doch so finden wir den Himmel nicht. Himmel ist, was entfernt ist von uns, was für uns nicht erreichbar ist.

In unserem Text geschieht eine Überschreitung dieser Grenze, aber sie vollzieht sich vom Himmel auf die Erde. Die gefallenen Engel, wie Satan, kommen auf die Erde und besudeln sie. Aber der Mensch nimmt diese Besudelung an. Er hat sie nicht erstrebt, doch nimmt er sie an. Deswegen ist die Grenze überschritten worden.

Wir haben in unserem Haus eine Lithographie von Israels größtem Maler, Mordechai Ardon, der eigentlich vom Chassidismus und der Kabbala beeinflußt ist. Diese Lithographie hat mit der Leiter Jakobs zu tun. Es ist genau das gleiche Thema. Die Engel kommen herunter und gehen wieder hinauf. Das bedeutet, daß sie die Grenze zwischen dem, was himmlisch ist im Raum wie im Geist, und dem, was uns gehört, überwinden. Denn Gott antwortet auf die Besudelung, die von den gefallenen Engeln und Satan durch die Überschreitung dieser Grenze zwischen der Engelwelt, Gottes Welt, und unserer Welt stattfand, indem er selbst, der Allmächtige, der über alle Engel herrscht, zu uns kommt. Zuerst vorgedeutet durch die Engel, dann erfüllt zu Weihnachten, als Jesus Christus hier auf die Erde kam. Gott antwortet auf diese Besudelung, auf dieses Verlorensein, indem er selbst aus dem kosmischen Bereich, aus seinem Herrschaftsort herunterkommt und uns Frieden, Leben und Wahrheit schenkt. Denn Jesus Christus ist der Weg, die Wahrheit und das Leben selbst und damit eine Antwort auf dieses Problem der zwei Bäume, der Grenze zwischen uns.

Von Memling, einem spätmittelalterlichen Maler gibt es ein Bild, das von der Geburt Jesu handelt. Es sind zwei offene Fenster und zwei Bäume zu sehen. Mir ist sehr klar, was diese zwei Bäume bedeuten: Leben und Erkenntnis. Dieser Bereich ist zu uns gekommen, weil wir nicht in diesen Bereich kommen können, weil die gefallenen Engel aus diesem Bereich zu uns gekommen sind und uns endgültig – so dachten sie – besudelt haben. Das ist es, was hier vorgeht. Die Überschreitung des Bereichs, der den Menschen gehört, durch verfallene Kräfte, die uns überwinden, weil wir selbst verfallen sind. Das ist der letzte Schritt, bevor Gott dann diese Welt vernichtet. Denn mit der Sintflut vernichtete er diese Welt. Helden oder Heiden, wie man es ausdrücken will, werden vernichtet. Hier geschieht eine Besudelung, die im höchsten Grad unerträglich ist, weil die Grenzen jetzt fließend zwischen kosmischer Welt und menschlicher Welt sind. Heute haben wir Esoterik und Okkultismus, die eigentlich genau das gleiche beinhalten. Am Ende der Tage, wenn die Grenze zwischen den Mächten und Bereichen des Kosmos und dem menschlichen Bereich nicht mehr klar gezogen ist.

Doch zurück zu unserem Text: Als Folge der Übertretung wurde das Lebensalter plötzlich auf 120 Jahre begrenzt. Wie lange haben die anderen gelebt? Methusalem fast 1000 Jahre (969 Jahre; niemand sonst hat so lange gelebt), Noah war gerade 500 Jahre alt. Luther sagte, je weiter man von der Schöpfung entfernt sei und damit von der Kraft der Schöpfung, von der Lebenskraft, desto kürzer würde das Leben. Wenn wirkliche Vermengung zwischen den kosmischen und den menschlichen Wesen stattfände, würde logischerweise die Lebenserwartung viel höher sein. Die Engel sind zuerst unsterbliche Wesen. Logischerweise müßten die Menschen dann Tausende von Jahren leben, aber genau das Gegenteil ist passiert.

Auch hier unterliegen Menschen wieder einer Täuschung. Die Frauen in ihrem Kontakt mit diesen himmlischen Wesen glaubten vielleicht, sie bekämen etwas äußerst Besonderes, Helden, oder was man will – aber sie starben nach 120 Jahren. Im Vergleich mit 900 bedeutet es, daß die Lebenserwartung nur noch etwa 15 Prozent der ursprünglichen betrug. Hat nicht Satan genau die gleiche Täuschung vollbracht? Ihr werdet so wie Gott sein. Ihr werdet Macht über die Erkenntnis, über das Leben haben. Aber was bekommen die Menschen? Nicht längeres Leben, die Ewigkeit im Paradies, sondern das Todesurteil.

Es ist eine gewaltige Selbsttäuschung, denn wenn wir uns mit Mächten und Kräften, die uns nicht gehören, vermengen, kann die Auswirkung nur negativ und nie positiv sein. Das fängt mit Satan an, mit seiner Selbsttäuschung. Diese Frauen haben bestimmt gedacht, daß sie einen großen Fang gemacht haben, nicht wahr, sie haben Kontakt mit Engelwesen gehabt. Aber es war der Weg zur Verdorbenheit, der Weg zur Sintflut, der Weg zur Zerstörung. Das zeigt sich zuerst in der eingeschränkten Lebenserwartung, dann in der Sintflut selbst. Die gefallenen Engel kamen vom Himmel, und Gott zerstörte ihre fortgepflanzte Welt vom Himmel aus mit Regen. Gerade im Anschluß an diesen Text kommt die Sintflut. Vom Himmel kommen die gefallenen Engel mit ihrer totalen negativen Auswirkung. Hier auf Erden geschieht einfach eine Überflutung des Bösen, die Vermengung von Dingen, die einander nicht gehören. Das wäre ungefähr auf der gleichen Stufe, wie wenn Menschen Geschlechtsverkehr mit Tieren haben. Sie gehören zwei total verschiedenen Bereichen an.

Wie antwortet Gott auf diese ungeheure Verfehlung? Indem er gerade von dem gleichen Ort, vom Himmel aus, Regen schickt: 40 Tage und Nächte, um alles zu zerstören, was vom Himmel gekommen ist. – Aber später schickt er Engel mit der Leiter zu Jakob, zu dem Verheißungsträger, der Israel heißen wird; zu Weihnachten schickte er dann Jesus Christus. Wenn dieser wiederkommt, wird er sein Tausendjähriges Friedensreich hier auf Erden aufrichten. Die gefallenen Engel haben nicht das letzte Wort, denn Christus herrscht über alle Engelgestalten (das steht übrigens an mehreren Stellen im Neuen Testament).

Interessant ist hier die Rolle der Riesen. Die Juden sind traditionell klein. Ich selbst komme bei diesem Thema in Verlegenheit. Bei einem Vortrag in Hessen über David und Goliat ging ich, um meine Hände zu waschen. Da kam mir ein Riese entgegen (ca. 2,06 m). Ich sagte:»Grüß Gott, Goliat«. Darauf meinte er jedoch, er würde lieber David heißen.

Aber »Riesen« sind auch ein gesamtbiblisches Thema. Was für eine Rolle spielen diese Riesen in der Bibel? Sind sie positiv oder negativ? Als die Israelis zum verheißenen Land kamen, wollten sie es nicht einnehmen, weil sie fürchteten, gegen die Riesen im Land nicht bestehen zu können. Die Enakiter waren echte Riesen, wenn auch für einen Juden fast jeder ein Riese ist. Als ich in die Schule ging, war ich der Kleinste in der Klasse. Doch meine Mutter sagte mir, ein Jude kämpfe nie mit der Faust, sondern nur mit der Feder (deswegen schreibe ich so viele Bücher). Also mußte ich vor den Großen davonlaufen. Ich durfte ja nicht kämpfen (ich bin dann sehr schnell geworden).

Dieses Thema »Riesen« entwickelt sich jedoch weiter. Es gab einen Riesen, mit dem es wirklich um einen entscheidenden

Kampf ging. Der Kampf Goliat (2,55 m; und stark wie ein Baum) gegen David (der kleine David, nach dem ich genannt bin). Der Ausgang des Kampfes würde die Herrschaft des einen über das andere Volk festlegen. Später gab es noch einen Kampf zwischen einem gefallenen Engel und einem, der die Wahrheit und das Leben ist, Jesus Christus. Auch da ging es um Herrschaft. Satan ist ein Riese in seiner Ausstrahlung und seiner Wirkung. Er stellt Jesus auf die Zinne des Tempels und sagt: »Diese ganze Welt gehört mir.« (Sie gehörte ihm zu dieser Zeit auch.) Aber Jesus widerstand diesem Riesen, wie David auch gegen Goliat gewonnen hat.

Diese physische Kraft der Helden spielte auch in Israel einmal eine zentrale Rolle: Simson. Doch da wird die Macht im göttlichen Sinne benutzt, bis diese erste Friseuse in der Bibel kam, Delila, die ihm die Haare kurz geschnitten hat. Solange er das Geheimnis seiner Kraft nicht verriet, ging alles gut; doch dann stürzte er.

Auch die Standartenführer Hitlers waren alle sehr groß und stark – anscheinend geborene Helden. Das Thema Heldentum ist auch eine endzeitliche Erscheinung. Es bedeutet äußerliche Macht und Kraft.

Der Bezug dieses Textes auf unsere heutige Zeit ist, daß wir ganz bewußt wissen sollten, uns sind Grenzen gesetzt. Der Anfang der Weisheit ist Gottesfurcht! Der Anfang der Weisheit ist die Erkenntnis dessen, was wir sind und der Grenzen, die uns gegeben sind. Jedesmal, wenn wir diese Grenze überschreiten, folgt das Gericht. Der englische Dichter Wordsworth (er lebte Ende des 18. Jahrhunderts zu Beginn der Industrialisierung) verfaßte ein Gedicht, in dem er beschreibt, wie das ganze Land durch die Industrialisierung besudelt wird. Niemand hat das damals geglaubt. Aber es ist wahr geworden. Wir sind die Herren der Welt. Wir wollen alles in unsere eigenen Hände nehmen. Die gleiche Problematik sehen wir auch in der Französischen Revolution. Die Menschen glaubten an die menschliche Vernunft. Doch wie endete die Französische Revolution? In einem Blutbad. Das gleiche geschieht im Kommunismus: Gott ist tot, wir bauen einen Himmel hier auf Erden. Alles wird diesseitig, nicht jenseitig. Aber dieser Himmel auf Erden ist inzwischen absolut bankrott. Das ist ein Thema, das wir ständig vor Augen haben, nicht nur in der allgemeinen Geschichte, sondern auch in der persönlichen. Die Bibel sagt uns ständig, daß, wer sich selbst erhöht, erniedrigt wird. Die Helden, die Großen (hier geht es jetzt nicht um physische Größe, sondern wer sich für etwas Besonderes hält), wer sich über andere erhebt, wird erniedrigt. Aber wer sich vor dem Herrn erniedrigt, der wird erhöht. Dies bedeutet ein Ruf zur Bescheidenheit, zu einer Kenntnis der Grenze zwischen uns und Gott.

Der moderne Mensch sagt:»Ich werde urteilen, ob es Gott gibt.« Aber sollte sein Urteilsvermögen in der Lage sein, zu beurteilen, ob es Gott gibt? Wenn der Mensch in der Lage wäre, das zu beurteilen, dann müßte er die Welt erschaffen können (wie Gott zu Hiob sagte), er müßte uns von Schuld erlösen, er müßte Liebe schaffen können, er müßte eine Antwort auf den Tod haben. Wenn die menschliche Vernunft der Maßstab aller Dinge ist, dann sind wir alle hinfällig, denn die menschliche Vernunft gibt keine Antwort auf den Tod.

Ich habe bei einer Beerdigung noch nie erlebt, daß, wenn der Sarg niedergelassen wurde und der Gesang aufhörte, der Sarg dann plötzlich aufging, der Tote heraufkletterte und mir die Hand gab und sagte:»Herr Pfarrer, nicht schlecht die Predigt, nächstes Mal machen Sie es besser!« Nein, so etwas gibt es nicht unter uns. Der Tod hat Allmacht über uns, über unseren Verstand. Wir glauben, daß unser Verstand so klug ist. Wie hat Claudius das ausgedrückt?»Wir eitlen Menschenkinder…«, ja, wir haben unsere klugen Gedanken. Aber wohin bringt uns dieser Verstand, wenn wir über Gott urteilen? Wir können kein Leben schaffen, wir können die Grundlage des Lebens nicht schaffen, wir können keine Antwort auf Leiden und auf Tod geben. Wenn der Mensch und der menschliche Verstand der Maßstab aller Dinge ist, dann verherrlichen wir den Tod. Wer an die Vernunft glaubt, an die menschliche Vernunft, der verherrlicht den Tod. Denn der Tod verschlingt die ganze Vernunft und unser ganzes Leben dazu.

Dieser Text ist ein Ruf zur Bescheidenheit, zu einer Kenntnis, wer Gott und wer der Mensch ist. Dieses Problem ist auch sehr deutlich in unserer kirchlichen Entwicklung zu sehen. In der modernen Theologie wird Jesus immer mehr zum Menschen herunterstilisiert, und die Göttlichkeit Jesu wird immer geringer gemacht – *gegen uns!* Denn Jesu Göttlichkeit rettet uns, nicht seine Menschlichkeit, seine Göttlichkeit, daß er Gott ist, daß er Macht über den Tod hat, daß er uns aus dem Tod erretten kann.

Der am besten besuchte Gottesdienst ist der am Heiligen Abend. Warum? Der süße, liebliche Jesus, der in der Krippe lag, ist verharmlost. Ein verharmloster Gott, über den wir herrschen können (oder zumindest meinen wir das). Natürlich, im Mittelalter, zur Reformationszeit dagegen waren auf Bildern von Jesus als Kind, als Säugling öfters Zeichen seines Kreuzes dabei: Entweder ein Kreuz bei dem Stall oder Jesus, der mit dem Lamm spielt, oder man sieht Blut an einem Teil seines Körpers; fast immer sieht man das Gesicht eines Erwachsenen, manchmal sogar weinende Augen.

Gott ist zu uns gekommen, weil er der Allmächtige ist, und er ist zurück zur Rechten des Vaters gegangen. Er ist der, der zu uns kommt. Aber wenn wir ihn hier auf Erden halten, wie wir ihn haben wollen, den Himmlischen, dann vermengen wir die Grenze zwischen Menschheit und Gottheit, genauso wie die gefallenen Engel, indem sie Kontakt mit Menschentöchtern hatten. Eine Vermengung der Grenze des Menschseins, eine Überschreitung dieser Grenze, indem wir Gott vom Himmel in unserem eigenen Sinn herunterholen. »Wir werden entscheiden, ob er Gott ist. Wir werden entscheiden, ob die Bibel recht hat. Wir richten Gott, nicht Gott richtet uns.«

Auch der Babelsturm, der direkt vor dem Alten Bund, vor der Berufung Abrahams (1. Mose 11; 12) steht, zielt in die gleiche Richtung: der Versuch, in den Himmel zu gelangen, um Gott zu entmächtigen, indem sich der Mensch an Gottes Stelle setzt. Genau wie Adam und Eva.

Alle diese Texte gehen um die Kenntnis der Grenze des Menschseins. Es ist sehr bedeutungsvoll, daß die größten Naturwissenschaftler in unserem Jahrhundert zutiefst demütig, bescheiden und gläubig waren, ob Einstein, Heisenberg oder Planck. Die drei herausragenden Physiker unseres Jahrhunderts waren alle gläubige Menschen, sie waren alle zutiefst demütig. Eines Tages landete eine kleine Fliege auf den Papieren Einsteins. Der zerstreute Einstein sah die Fliege und sagte: »Kleine Fliege, wer hinter dir steckt, der ist soviel größer und soviel tiefer als alle meine Gedanken.« Heisenberg, der große evangelische Christ, der letzte wirklich große deutsche Wissenschaftler von Jahrhundertformat, ließ sich in München zu dem Text »Die Engel werden mich tragen« beerdigen. Die Engel werden mich tragen – eine Bejahung von Gottes Himmel und von den Engeln als Boten Gottes, nicht die gefallenen, sondern die guten Engel. Auch Planck war von gleicher Bescheidenheit geprägt.

Die Erkenntnis, es mit einem Universum, mit einem Geheimnis in der Schöpfung zu tun zu haben, die nur von einer göttlichen Ebene kommen kann, macht demütig. Deshalb sollten wir Christen auch nicht immer über Gottes Himmelreich spekulieren. Das ist gefährlich, denn die Spekulationen sind letzten Endes immer falsch. Warum? Weil wir sündige Menschen sind, Gott aber ist vollkommen und rein. Jeder Gedanke, die ein sündiger Mensch über Dinge hat, die ihm nicht gehören (wie das Himmelreich), besudelt diese Dinge. Wir können Gottes Himmelreich nicht begreifen; auch Gott können wir nicht begreifen, denn Gott ist Gott, aber wir sind nur kleine und sündige Menschen. Jeder Versuch, sein Himmelreich wahrzunehmen, ist eine Besudelung dieses Himmelreiches, ein Herunterziehen dessen, was göttlich, was ohne Sünde ist, auf mein sündiges Niveau.

Dieser Text ruft nach einer Grund-Bescheidenheit. Die Furcht des Herrn ist der Anfang aller Weisheit, daß wir uns auf Gottes Bestimmung, unter Gottes Wege stellen. So weit ging es in der Urgeschichte: Vom Sündenfall, der Gottesentfernung zum Brudermord (Kain und Abel), über Massenmord (Lamech) bis hin zur endgültigen Überschreitung der Grenzen: die Grenze des Bösen, die himmlischen Kräfte des Bösen, die zu uns kommen, weil wir selbst verfallen sind.

Aber es gibt noch eine andere Grenze. Zum Beispiel die des Spiritismus. Wir dürfen keine Verbindung zu dieser Welt aufnehmen, nicht versuchen, mit den Toten in Kontakt zu kommen. Der Tod ist hier die Grenze, denn Leben und Tod gehören Gott und nicht uns. Der Gott des Lebens ist zugleich der Gott des Todes. Jeder Versuch, *diese* Grenze zu überschreiten, führt zu einer absoluten Besudelung. Diese Grenzüberschreitung wird heute jedoch oft praktiziert. Okkultismus und Spiritismus sind leider im Vormarsch. Aufklärung tut not, aber zugleich ist es gefährlich, zu viel über Okkultismus, über Satan und seine Macht zu sprechen, denn Menschen lassen sich davon auch leicht faszinieren. Wir sind dazu da, Christus und seine Macht sowie seine Liebe und Barmherzigkeit zu verkündigen.

Wir sind schwach; deshalb dürfen wir diese Mächte und Kräfte nicht unterschätzen. Mein Vetter war zugleich ein enger Freund von mir. Er, ein junger Jurist, 29 Jahre alt, glaubte, stark zu sein, und nahm (ohne mein Wissen) zunächst Marihuana, dann LSD. Doch das Rauschgift war stärker. Die durch das LSD verursachten Depressionen führten zu seinem Selbstmord.

Dies sind Machtkämpfe, auf die wir uns nicht einlassen sollten, weil wir sie verlieren werden. Nur mit unserem Helden, Jesus Christus, der alle Macht hat, können wir stark sein (wenn wir uns unter seine Kraft stellen). Jesus steht über den Himmelskräften, ob gute oder schlechte. Auch heute gibt es noch Engel, denn die »richtigen« Engel sind Gottes Boten. Wir werden sie sehen, wenn wir bis ans Ende ausharren und in sein Himmelreich kommen.

»Sichtbar« werden diese Engel in manchen Zeitungsmeldungen: Ein Kind fällt aus dem dritten Stockwerk auf den Asphalt und ist nicht verletzt. Viele Ärzte, die nicht an Gott glauben, geben eine Erklärung, die jedoch nicht haltbar ist: Weil das Kind keine Angst hatte, verletzte es sich bei dem Fall nicht. Ich würde keinem empfehlen, sich aus dem dritten Stockwerk herunterfallen zu lassen in dem Vertrauen darauf, daß ihn ein Engel schon halten wird. Man kann so eine Sache nicht herausfordern.

Die New Age-Bewegung verfolgt dieselben Ziele. Der Mensch versucht mit anderen »Welten« Kontakt aufzunehmen. Der sündige, verfallene Mensch versucht, sich einen sünd- und schuldlosen Freiraum zu schaffen.

Aber auch auf Baal, den Götzen der Lust und der Fruchtbarkeit, wird hier im Text Bezug genommen. Er ist ebenso ein Götze unserer Zeit, der Götze des Sex, der Pornographie, des Rauschgifts und Alkohols.

In unserem Text ist Noah die Antwort auf die schlimmen Zustände der damaligen Welt. Es war sicher keine leichte Welt, in der er lebte. Überall »Helden«, Riesen und gefallene Engel. Die endzeitliche Welt weist sicher gewisse Ähnlichkeiten auf. Doch Noahs Antwort ist schlicht und einfach: Er gehorchte dem Herrn. Noah wußte, daß seine damalige Welt nicht mehr zu retten war. So baute er eine Gemeinde, seine Arche – »ein Schiff das sich Gemeinde nennt« – um diese Welt nach Gottes Verheißung zu retten. Er gehorchte Gott. Gott war der Steuermann, er brachte diese Arche durch die ganze Zerstörung zu einer neuen Welt.

Ankündigung der Sintflut

Als aber der Herr sah, daß der Menschen Bosheit groß war auf Erden und alles Dichten und Trachten ihres Herzens nur böse war immerdar, da reute es ihn, daß er die Menschen gemacht hatte auf Erden, und es bekümmerte ihn in seinem Herzen, und er sprach: Ich will die Menschen, die ich geschaffen habe, vertilgen von der Erde, vom Menschen an bis hin zum Vieh und bis zum Gewürm und bis zu den Vögeln unter dem Himmel; denn es reut mich, daß ich sie gemacht habe. Aber Noah fand Gnade vor dem Herrn.

1. Mose 6, 5-8

Es gibt folgenden Ausspruch von Julius Cäsar, dem großen Herrscher: Ich kam, sah, siegte! Ähnliches geht auch hier vor: Der Herr kam, sah die Lage und tat dann, was nötig war.

Der Herr sah, was auf Erden vor sich ging. Das Wort »Seher« bezeichnet in der Bibel im Alten Testament einen Propheten, der sieht, wie alles im Geist zu verstehen ist. Aber es gibt jemand, der noch tiefer sieht als die Seher, denn die Bibel sagt in bezug auf Samuel, der ein Seher war: »... der Herr aber sieht das Herz an.« So haben wir eine dreifache biblische Schau: die natürliche Sicht, die geistliche Sicht der Seher, und die Sicht Gottes. Nur die Sicht Gottes geht bis in unser Wesen, bis in die letzte Wirklichkeit hinein. Auch Samuel sah zunächst mit menschlichen Augen, als er zu Isai nach Bethlehem geschickt worden war, um einen Sohn Isais als den neuen, den wahren König zu salben. Er sah den ersten an, der stark war, und dachte, daß dieser der Richtige sein müßte. Er hatte mit menschlicher Perspektive gesehen, auch wenn er ein Seher war. Der Herr aber ist unbestechlich, er sieht, wie es wirklich ist.

Dies ist eine sehr wichtige seelsorgerliche Tatsache für uns. Wir können nichts vor dem Herrn verbergen. Viele Leute leben in einer Scheinwelt, sie verdecken vor den Nächsten, wie es wirklich mit ihnen steht. Keiner der Nachbarn soll etwas merken oder sehen. Dadurch, daß sie so bemüht sind, ihre Probleme vor den anderen zu verdecken, kommen sie auch selbst nicht dazu, diese anzugehen und zu bewältigen. Aber wir sollten wissen, daß der

Herr alles ans Licht bringen wird. Es spielt nicht die geringste Rolle, was Menschen über uns sagen und denken. Es fällt mir immer wieder bei Beerdigungen von Staatsmännern auf, daß diese fast in den Himmel gelobt werden, obwohl sie zu Lebzeiten oft sogar Verbrechen begangen haben (wie z.b. der Kaiser von Japan, der ein Kriegsverbrecher war).

Die Bibel sieht dies aber ganz anders. Es gibt nur eine Sicht der Dinge, die wichtig ist. Das ist nicht die Sicht der Nachbarn, es ist nicht die Sicht der Welt um uns, es ist auch nicht unsere Sicht, denn unsere Sicht ist selbsttäuschend. Es geht nur um den, der wirklich sieht. Sehen bedeutet hier entblößen, Gott durchschaut, er sieht bis ins Herz, er bleibt nicht beim Äußeren. Das kann allein Gott. Dies steckt hinter diesem »der Herr sah«. Er sieht jeden Moment bei uns, sieht unsere Gesellschaft und jede Art von Täuschung und Selbsttäuschung. Deswegen soll ein Christ sich nicht nach dem, was die Nachbarn sagen, richten, denn das ist die oberflächlichste Art zu leben; auch nicht, was er selbst sieht und denkt, denn er selbst lebt in Selbsttäuschung, sondern er soll sich nach der Sicht des Herrn richten. Dies können wir nur durch sein Wort: »Als aber der Herr sah, daß der Menschen Bosheit groß war auf Erden...«

Dies ist eine Bestandsaufnahme. Der Herr betrachtete die Menschheit als Ganzes, nicht nur einzelne, und er merkte, daß die Bosheit auf Erden, die Bosheit der Menschen groß war. Was ist da eigentlich passiert? Ein historischer Prozeß mit historischer Dynamik. Der Beginn mit Adam und Eva – die Entfernung von Gott in den Bereich der Sünde. Doch diese Entwicklung steigerte sich. Kain und Abel – Brudermord, Lamech – Massenmord, ein Übergriff in den mitmenschlichen Bereich. Die Grenze wird dann in der geschlechtlichen Vereinigung von gefallenen Engeln und Frauen der Erde völlig überschritten. Der Sündenfall zieht sich bis ins Persönliche, bis in den Leib hinein. Leib, Geist und Seele sind eine unzertrennliche Einheit in der Bibel. *Eine* Entscheidung hat alles mögliche in Gang gesetzt. So kann es auch uns gehen, und zwar innerhalb sehr kurzer Zeit. Viele Eltern, deren Kinder rauschgiftsüchtig wurden, sagen, daß ihre Kinder sich innerhalb kürzester Zeit völlig verändert haben. Alles, was bis dahin sichtbar für die Eltern war (auch Eltern können nicht in die Herzen ihrer Kinder sehen, was oft schwer fällt zu akzeptieren), ist plötzlich ganz anders. Es sind ganz andere Personen geworden. Das Böse, die Zerstörung geschieht so schnell, das ist etwas vom Traurigsten im Leben. Der Aufbau dagegen geht nur sehr langsam und schwer vor sich. Dies läßt sich auf alle Bereiche übertragen. Die Zerstörung von Städten durch Bomben geht sehr schnell; aber der Aufbau, bis wirklich alles wieder funktioniert, dauert Jahre. Auch die Zerstörung von Personen, fleischlich wie geistlich, kann ungeheuer schnell vor sich gehen. Aber der Aufbau dessen, was da zerstört wurde, kann ungeheuer lang und mühselig sein.

»... und alles Dichten und Trachten ihres Herzens nur böse war immerdar.« Herz bedeutet in der Bibel unsere Wahrnehmung, unsere Gefühle und Gedanken. Das Dichten und Trachten des Herzens war nur böse. – Warum? Haben wir keine guten Gedanken? Haben wir keine guten Wege? Tun wir nicht auch oft etwas Gutes? Viele Leute meinen, die Verallgemeinerung Gottes sei unfair. Aber Sünde ist nicht nur ein Tun, sondern auch ein Zustand. Der Zustand führt zum Tun. Der Zustand ist Entfernung von Gott. Sein Motto ist: »Was bekomme ich, was habe ich davon?« Darauf ist unsere gesamte Wirtschaft aufgebaut: Du mußt dieses und jenes haben. Sie benutzen die Erbsünde als Methode. So ist es nicht nur in der kapitalistischen Wirtschaft, sondern im Prinzip auch in der sozialistischen Wirtschaft (kollektive Steigerung des Lebensstandards). Des Menschen Ziel ist der Gewinn für sich selbst. Wohl kann er das wunderbar überdecken, indem er immer den Eindruck erweckt, daß er für andere handelt, doch letzten Endes steckt sehr viel Egoismus hinter den guten Werken für andere. Wir ernten von den anderen schließlich Anerkennung für unser Tun. Dies führt so weit, daß wir von uns selbst dann auch ein viel besseres Bild bekommen.

Die Diagnose des Herrn ist sehr hart: »... daß ihre Herzen nur böse waren immerdar«, das heißt von Anfang an. Wann ist der Anfang? Vor dem Anfang (der Schöpfung) war Gott. Gott hat die Zeit angefangen. Doch die menschliche Geschichte beginnt mit dem Sündenfall. Im Paradies gibt es keine Geschichte, denn Geschichte benötigt einen Anfang und ein Ende. Die Tiere, nebenbei, haben keinen geschichtlichen Sinn. In Gottes Himmelreich gibt es demnach keine Geschichte, weil Zeit unbegrenzt zur Verfügung steht.

Erst der Mensch fing Geschichte mit dem Sündenfall an. Danach kommt die Aussage: »... da reute es ihn, daß er die Menschen gemacht hatte auf Erden.« Eine härtere Aussage gibt es nicht. Gott, der uns geschaffen hat, fragt sich, warum er uns nur geschaffen hat! Aber dies ist nicht einmalig. Es ist ein Thema, das durch die ganze Bibel läuft: Gott reut es, daß er Menschen geschaffen hat. Erst vor der Sintflut, dann in Sodom und Gomorra.

Später wird auch Israel mit diesen beiden Städten verglichen. Auch wegen den Bewohnern von Ninive reute Gott die Erschaffung des Menschen wieder. Ninive steht natürlich stellvertretend für eine ganze Zivilisation, für eine ganze Kultur. In Sodom und Gomorra zeigte es sich, daß Menschen, die eigentlich von sich aus anders sind, wie zum Beispiel Lots Frau, trotzdem von der Verdorbenheit angesteckt werden können. Warum schaut sie zurück? Weil sie an dieser Stadt hängt. Daß Lot entrinnen kann, ist ein Wunder Gottes, denn Lot wählte den Reichtum, oder etwa nicht? Abraham ließ ihm die Wahl, und er wählte den reicheren Ort. Er hing am Reichtum, aber es war ein Wunder Gottes, daß er nicht selbst zurückschaute. Doch Lots Frau war durch ihr Leben in dieser Gesellschaft verdorben. In dieser Gefahr stehen auch wir heute. Wir leben in einer verdorbenen Welt, also können auch wir leicht verdorben werden.

Diese Woche kam ein Mann zu einem Gespräch zu mir. Er fing an von sich zu erzählen: daß er gläubig sei, daß sich aber trotzdem Sünden in sein Leben eingeschlichen hätten – es waren keine gravierenden Sünden –, daß er manchmal ein Bier zuviel trinkt. Aber er meinte selbst, daß er das früher nicht getan hätte und daß irgend etwas nicht in Ordnung sei.

Wie sieht der biblische Weg der Seelsorge für so eine Person aus? Der Mann ist nicht gänzlich verdorben, aber er ist in Not. Ausschließlich über sein Problem zu sprechen, würde ihm letzten Endes nicht weiterhelfen. Über solch ein Gespräch hinaus muß man versuchen, positive Sachverhalte zu finden, den Blick auf Jesus zu richten. Indem wir neu die uns von Christus geschenkten Gaben für ihn einsetzen, kann eine Lösung des eigentlichen Problems entstehen.

Viele Leute denken, daß die Sünde nur bekämpft werden müßte. Dies führt jedoch nur wieder auf einen falschen Weg. Meine Schwester, die keine Christin ist, aber – wie schon erwähnt – einen ungeheuren Willen hat, rauchte ca. 40 Zigaretten am Tag. Dann kämpfte sie dagegen und siegte. Doch heute wiegt sie dafür ziemlich viel. Die schlechte Angewohnheit hat sich also nur aufs Essen verlagert. Dies ist eine typisch menschliche Verhaltensweise. Einen Ausweg finden wir nur in Christus, in seinem Wort, in seiner Gemeinde und damit im praktischen Dienst. Der Weg, Sünde zu bekämpfen, ist, immer mehr unser Leben dem zu übergeben, der über die Sünde herrscht.

»… da reute es ihn, daß er die Menschen gemacht hatte auf Erden…«

Das gilt nicht nur der Zivilisation der Heiden und nicht nur den Städten Ninive, Sodom und Gomorra. Sogar seinem eigenen, auserwählten Volk galt der gleiche Sachverhalt. Am Berg Sinai wollte Gott das Volk Israel auslöschen. Er war so zornig über dieses verdorbene Volk, dem er das Gesetz, die Wegweisung zum Leben, zur Wahrheit, seiner Wahrheit, gegeben hatte – und das nichts Besseres wußte, als um eine menschengemachte Weisheit, einen menschengemachten Götzen zu tanzen. Damals sprang ein Mensch in die Bresche, Mose.

»... da reute es ihn, daß er die Menschen gemacht hatte auf Erden, und es bekümmerte ihn in *seinem* Herzen.« Gott besitzt ein Vaterherz, ein gutes Vaterherz. Doch über unser Herz sagt er, daß »... alles Dichten und Trachten ihres Herzens nur böse war immerdar«. Von seinem Standpunkt, von seiner Wahrnehmung aus ist alles verdorben. Er hat ein großes Herz für uns, für unsere ganze Person, aber unser Herz entspricht nicht seinem Herzen. Wir sind völlig verlorene Kinder. In unserem Herzen pocht ein anderer Rhythmus, ein anderes Wesen als in Gottes Herz. Unsere Sicht ist anders als die seine. Es ist kein Zufall, daß er zuerst über unser Herz (das abtrünnige Herz, das von ihm weggeht), dann über sein Herz spricht. Denn wir sollen zusammengehören, wir und Gott, sein Herz und unser Herz, denn er ist unser Vater, und wir sind seine Kinder, in seinem Bild erschaffen. Wir gehen den Weg des verlorenen Sohnes.

Als Gott die Menschen geschaffen hatte, war das alles sehr gut. Was aus dem Menschen geworden ist, kam aus der Dynamik der Überflutung von Satan, dem gefallenen Engel, der uns mit seiner eigenen Besudelung besudelt, denn er ist von Gott weggefallen und möchte an Gottes Stelle sein. Aber Gott ist souverän, er weiß alles im voraus. Es ist sehr schwierig für einen Menschen, das alles in einen Zusammenhang zu bringen. Gott kennt die ganze Geschichte. Denn er steht nicht in, sondern über der Geschichte. Bevor er die Welt erschaffen hat, war Jesu Kreuz für ihn schon erkennbar. Aber er durchlebt die Geschichte mit uns und leidet mit uns, weil wir ihm so wichtig sind. Jesus ist Gott, und er weiß, wie verloren die Menschen sind.

Aber dies dann am eigenen Leib zu erleben als Mensch, zu sehen, wie sie ihn im Stich lassen, ist eine andere Dimension. Hier ist ein Gott, der über allem steht, alles sieht und wahrnimmt und von vornherein weiß, daß Christi Kreuz notwendig sein wird (so steht es auch im Neuen Testament). Aber gleichzeitig ist er ein Gott, der so um uns ringt und um uns kämpft, der die ganze Zeit für uns da ist und den es sogar reut, uns erschaffen zu haben. Diese Doppeldimension *können* wir nicht zusammenbringen, weil wir Menschen und nicht Gott sind.

Es ist immer problematisch, wenn wir versuchen, uns in Gottes Lage hineinzuversetzen. Das können wir nicht, denn wir sind Menschen und nicht Gott. Da ist die Grenze dieses Verstehens. Gott weiß alles im voraus. Aber gleichzeitig ringt und kämpft er in jedem Moment um jeden von uns und um die ganze Welt. Als Menschen können wir uns darauf keinen Reim machen. Gott ist nicht nur ein ferner Gott, der den ganzen Heilsplan und seine Geschichte lenkt, sondern zugleich auch ein naher Gott, der absolute Liebe und Hingabe für uns erweist. Sichtbar für uns wird dies in Jesu Kreuz. Der ferne Gott, der Gott mit seiner Heilsschau und Heilswirkung und gleichzeitig der nahe Gott, der ganz für uns da ist und jeden Tag um uns kämpft und ringt.

Wenn Gott nur die Schöpfung selbst gereut hätte, dann hätte er Noah nicht geschickt. Trotz der Reue ist das Evangelium, der Weg zur Zukunft, vorhanden. Gott gibt die Welt trotz allem nicht auf. Gerade der letzte, einfache Satz wiegt doch sehr schwer. »Aber Noah fand Gnade vor dem Herrn.« Es ist ein einseitiges, kein ausgewogenes Verhältnis zwischen der Länge des Abschnitts über die Verdorbenheit der Menschen und diesem kurzen Satz über Noah. Trotzdem hat dieser Satz so viel Gewicht. Hier wird durch Noah die Welt errettet. Später kommt durch Christus das Angebot der Rettung für alle. Es reut Gott, daß die Menschen so sind, aber gleichzeitig möchte er diese Menschen retten.

Trotz der Verdorbenheit des Menschen erfolgt die Antwort des Heils. So ist es auch bei Mose. Er hat die Tafeln mit den Geboten zerschmettert, aber er bekommt sie ein zweites Mal. Dies sind nach unserer Sicht Zwiespalte, aber nicht bei Gott. Für ihn gehören Gericht und Gnade zusammen.

»... es bekümmerte ihn in seinem Herzen, und er sprach...« Das Wesen im Menschenherz bekümmert ihn in seinem Herzen. Es gibt keine Entsprechung zwischen dem Wesen des Menschen und wie Gott selbst ist. Nur als er den Menschen schuf, war dieser sehr gut. Erst *sieht* Gott hier die Lage, dann spricht er. Wenn Gott spricht, passiert etwas. Gottes Sprechen ist das Zentrum der ganzen Bibel, Gottes Wort. Durch das Wort hat er die Welt erschaffen. Er spricht durch sein Wort, durch Propheten – Gericht und Gnade. Sein Wort ist dann in Jesus Christus Fleisch geworden. Sein Wort ist aber auch Tun. Wenn Gott spricht, dann geschieht etwas. Da sind keine leeren Worte. Gott ist kein Politiker und auch kein Rhetoriker. Er spricht eine deutliche Sprache. Wenn Gott spricht, geschieht etwas. Es gibt keine Stelle in der Bibel, an der Gott spricht und nichts geschieht. Manchmal spricht er über ferne Dinge, die erst später geschehen werden. Nur das Wort kann retten. Das Wort, das uns zugleich auch tötet. Gottes Wort geht in unser Herz hinein, denn es ist nicht irgendein Wort. Es entblößt uns, zeigt uns, wie es wirklich mit uns steht. Aber gleichzeitig überdeckt er uns mit seiner Gnade, mit seinem Kreuzesblut. Dieses Wort ist der Weg der Rettung. Der Weg der Schöpfung ist der Weg des Gerichts. Aber Noah fand Gnade vor Gott. Die Welt wird gerettet werden. So ungeheuer kräftig ist Gottes Wort.

Haben Sie niemals erlebt, daß Gottes Wort Sie so direkt angesprochen hat, daß Sie das Gefühl hatten, ich kann nicht weg davon? Daß man gefesselt ist von Gottes Wort. Ich kam so zum Glauben. Der Pfarrer, der mich dann später getauft hat, predigte häufig so, daß ich dachte, er rede nur zu mir persönlich. Ein Pfarrer muß das Wort predigen, wie es in der Bibel steht. Die Auswirkungen davon haben wir jedoch nicht in der Hand. Wir verfügen nicht über dieses Wort, wir sind nur Menschen. Das Wort aber hat eine Kraft, die Felsen zerschmettern kann, das bedeutet, es kann den Tod überwinden und in Leben verwandeln, weil Christus das Leben ist. Wir leben im Tod, wenn wir ohne Jesus sind. Wir müssen aber selbst von dem Wort getroffen sein, wenn wir andere treffen wollen. Man kann die schönste Predigt ohne Glauben verfassen, aber es wird dadurch kein Glaube erweckt werden. Wenn wir immer nur Predigten über Politik und Menschenwort hörten, würden wir selbst in diesem Prozeß sterben. Auch mir ginge es in dieser Beziehung nicht anders; auch ich würde dürr werden, denn ich benötige Gottes Wort genau wie jeder andere. Ich brauche das Wort, jeder von uns braucht das Wort. Wir müssen getroffen sein, von Gott getroffen sein. Es ist Übermut, zu behaupten, wir könnten ohne Gottes Wort dahinleben, und es ginge alles gut.

»... und er sprach: Ich will die Menschen, die ich geschaffen habe, vertilgen von der Erde, vom Menschen an bis hin zum Vieh und bis zum Gewürm und bis zu den Vögeln unter dem Himmel; denn es reut mich, daß ich sie gemacht habe.« Ein Grund, warum unser Gott kommt, um zu richten, hat mit unserer Einstellung gegenüber den Tieren zu tun. Wir bringen diese Tiere durch unsere Art zu leben um. Die Tiere sind uns gegeben, damit wir sie hüten und über sie herrschen, wie Gott über uns herrscht, mit Gerechtigkeit und Liebe. Unsere Einstellung gegenüber Tieren ist aber absolut verkehrt.

Als ich schon vor Jahren mit meiner Frau in Amerika war, wohnten wir in dem Zimmer, in dem ich als Teenager lebte. Doch irgend etwas war anders, seltsam! Dann wußte ich, was es war – die Stille. Kein Vogelgesang, kein Gezwitscher war mehr zu hören. Die Vögel waren nach dem Winter nicht mehr von Florida zurückgekehrt, da sie durch Pestizide verendet waren.

Wenn Tiere sterben, ist der Mensch der nächste. Das ist eine biblische Aussage, ein sehr, sehr wichtiges Thema. Gerade die Liste der Tiere hier ist eine Wiederholung eines anderen Textes. Auch in der Schöpfungsgeschichte werden diese Tiere aufgezählt. Der, der erschuf, ist zugleich auch der Richter. Er hat die Macht, seine Schöpfung auch wieder zu zerstören. Gott zählt alle Tiere auf: von den Nutztieren über die niedrigsten, das Gewürm, bis zu den Vögeln unter dem Himmel. Warum werden die Tiere gerichtet? Auch die Tiere werden nicht nur gerichtet, sondern auch gerettet, genau wie die Menschen. Das bedeutet, daß Menschen und Tiere zueinander gehören. Die Menschen, die gerichtet werden, werden mit all den Tieren gerichtet. Die Menschen, die gerettet werden, werden auch mit Tieren gerettet. Das ist eine unzertrennliche Einheit auf dieser Erde, Menschen und Tiere.

Nach dem Paradies ist Noahs Arche die erste Vordeutung des Tausendjährigen Friedensreiches. Arche bedeutet Gemeinde in der Bibel, wie auch z.B. das Schiff von Petrus. Die Tiere werden in dieser Gemeinde mit den Menschen im Tausendjährigen Friedensreich leben, wie sie miteinander unter Noahs Herrschaft 40 Tage und Nächte, an denen es ununterbrochen regnete, lebten. (Hier ist es das erste Mal, daß der Zahl 40 eine große Bedeutung zukommt. Sie taucht immer wieder an historisch wichtigen Punkten auf: 40 Jahre durch die Wüste, David, der zentrale König, regierte 40 Jahre, ebenso Salomo; 40 Tage der Versuchung Jesu.)

Eine Welt ohne Tiere ist undenkbar. Eine Welt ohne Tiere ist eine Welt ohne Menschen. Menschen und Tiere gehören zueinander: im Paradies – in Noahs Arche – bis hin zum Tausendjährigen Friedensreich. Im Himmelreich jedoch nicht, Dackelengel zum Beispiel wird es nicht geben. Aber hier auf Erden gehören wir zueinander, die ganze Schöpfung ist eine Einheit. Deswegen weigerte sich Mose auch nach der neunten Plage, das Land mit Frauen, Kindern und allem, aber ohne Tiere zu verlassen, wie es Pharao angeboten hatte. Er sagte nein, weil er die Tiere als Opfertiere, um dem Herrn am dritten Tag zu opfern, benötigte. Hier wurde die Beziehung zu Gott durch das Blut der Tiere hergestellt. Man legte die Hand auf die Tiere – um zu zeigen, daß sie stellvertretend für uns in den Tod gehen. Wer geht in den Tod an Stelle von allen Tieropfern? Jesus!

Hier ist ein direkter Bezug zwischen dem Kreuz und den Tieren. Jesus geht anstelle von allen Tieropfern, und die Tiere gehen stellvertretend für uns in den Tod. Heute sterben Tiere aus, weil wir keine Rücksicht auf sie nehmen. Es ist eine Tatsache, daß wir Tieren Namen geben sollten; – die Betitelung unserer Mitmenschen mit »du Rindvieh, du Schwein, du Kamel, du Dackel« spiegelt jedoch unsere Wertschätzung der Tiere wider. Tiere haben von ihrem Schöpfer einen außerordentlich differenzierten Instinkt bekommen.

Neulich las ich in der Zeitung von einer Katze, die nach acht Jahren wieder nach Hause zurückfand! Tiere und Menschen gehören zueinander. Das ist sehr wichtig. Deshalb sollten auch wir unsere Beziehung zu den Tieren überprüfen, wir sollen sie nicht verachten. Tiere stehen außerhalb von gut und böse – aber sie spiegeln viel von uns wider. Thomas Mann hat in einem sehr lesenswerten Buch gesagt: Die Hunde ahmen ihr Herrchen nach. Oft kaufen Leute Hunde, die ihnen ähnlich sind. Das ist wahr, nicht? Und die Art, wie sie auf der Straße gehen – ich weiß nicht, wen Wastl nachahmt, Andreas oder mich. Hunde besitzen diesen Nachahmungstrieb, ganz besonders in der Art, wie sie gehen. In der Gemeinde eines Kollegen meiner Frau ahmte ein Dackel einmal den Priester und die Ministranten nach. Er schritt genauso würdevoll mit in die Kirche. Erst vorne am Altar wurde der kleine Schauspieler entdeckt und dann natürlich wieder vor die Kirchentür gesetzt.

Aber zurück zum Text: Es sollte uns sehr nachdenklich machen, daß Tiere eine so wichtige Rolle in dieser Geschichte von Noahs Arche spielen. Wo spielen in Jesu Leben Tiere eine so bedeutende Rolle? Nach der Versuchung von Satan ging Jesus zuerst zu den wilden Tieren, nicht zu den Menschen, das ist auch eine Vordeutung auf sein Tausendjähriges Reich.

Bau der Arche

Dies ist die Geschichte von Noahs Geschlecht. Noah war ein frommer Mann und ohne Tadel zu seinen Zeiten; er wandelte mit Gott. Und er zeugte drei Söhne: Sem, Ham und Jafet. Aber die Erde war verderbt vor Gottes Augen und voller Frevel. Da sah Gott auf die Erde, und siehe, sie war verderbt; denn alles Fleisch hatte seinen Weg verderbt auf Erden. Da sprach Gott zu Noah: Das Ende alles Fleisches ist bei mir beschlossen, denn die Erde ist voller Frevel von ihnen; und siehe, ich will sie verderben mit der Erde. Mache dir einen Kasten von Tannenholz und mache Kammern darin und verpiche ihn mit Pech innen und außen. Und mache ihn so: Dreihundert Ellen sei die Länge, fünfzig Ellen die Breite und dreißig Ellen die Höhe. Ein Fenster sollst du daran machen obenan, eine Elle groß. Die Tür sollst du mitten in seine Seite setzen. Und er soll drei Stockwerke haben, eines unten, das zweite in der Mitte, das dritte oben.

Denn siehe, ich will eine Sintflut kommen lassen auf Erden, zu verderben alles Fleisch, darin Odem des Lebens ist, unter dem Himmel. Alles, was auf Erden ist, soll untergehen. Aber mit dir will ich meinen Bund aufrichten, und du sollst in die Arche gehen mit deinen Söhnen, mit deiner Frau und mit den Frauen deiner Söhne. Und du sollst in die Arche bringen von allen Tieren, von allem Fleisch, je ein Paar, Männchen und Weibchen, daß sie leben bleiben mit dir. Von den Vögeln nach ihrer Art, von dem Vieh nach seiner Art und von allem Gewürm auf Erden nach seiner Art: von den allen soll je ein Paar zu dir hineingehen, daß sie leben bleiben. Und du sollst dir von jeder Speise nehmen, die gegessen wird, und sollst sie bei dir sammeln, daß sie dir und ihnen zur Nahrung diene. Und Noah tat alles, was ihm Gott gebot.

1. Mose 6, 9-22

»Noah war ein frommer Mann und ohne Tadel zu seinen Zeiten« – das bedeutet nicht völlig ohne Tadel oder Fehler, sondern ohne Tadel (Fehler) zu seiner Zeit, das heißt im Rahmen seiner Zeit. Niemand würde wegen dieses Satzes behaupten, daß Noah ohne Erbsünde war, daß Noah vollkommen war. – Aber in dem Rahmen, in dem er lebte, war er fromm. Wir wollen damit jedoch keinen Relativismus bezeugen und sagen: Ja, die Zeit ist schlecht, deswegen können auch wir ein bißchen schlechter sein, brauchen wir uns nicht so an diese und jene Sache halten. Noah war nach dem, was Gott ihm geboten hatte, ohne Tadel. Oder anders ausgedrückt: Das, was Gott von Noah verlangte, war nicht das gleiche, was Gott von Mose verlangte, und sicherlich nicht das, was Gott von Jesus verlangt hat.

Hier sind auch Stufen der Entwicklung mit der Zeit. Die Juden reden von dem noahitischen Gesetz. Das ist, was sie zum Beispiel zu Jesu Zeit von den Gottesfürchtigen (Heiden, die dem Judentum nahestanden) verlangt haben. Diese sollten die Gebote halten, die jedoch viel geringer als das ganze Gesetz Moses waren. Was von Jesus zu seiner Zeit verlangt wurde, überbietet natürlich alles: Vollkommenheit, ein Leben ohne Haß und Begierde; konsequente Feindesliebe (die Bergpredigt).

»... Er wandelte mit Gott.« Wer wandelte noch mit Gott? Henoch, der Urmensch, der Urgerechte. Das war in der Zeit der Urzeit, nahe bei der lebendigen Kraft des Schöpfergottes, und er wandelte *mit* diesem Gott selbst. Wir wandeln heute nicht mit Jesus, denn er geht uns auf der Lebensbahn voran, und wir gehen hinter ihm her. Wir kennen die Geschichte von Mose, wie er erlebte, daß Gott an ihm vorbeiging. Hier ist eine sehr starke Aussage über die *sehr* nahe Verbindung zwischen dem Herrn, dem Schöpfergott und Noah in dieser Urzeit, daß er sogar *mit* Gott wandelte.

Der Letzte, der das tat, war Noah. »Und er zeugte drei Söhne (und natürlich stammen die Völker dann von diesen drei Söhnen ab): Sem, Ham und Jafet. (Das wird dann ein anderer Stammbaum, zum Teil sehr positiv, zum Teil sehr negativ. Alle Völker stammen von diesen dreien ab.) »Aber die Erde war verderbt vor Gottes Augen und voller Frevel.«

Hier dieser Gegensatz: Auf der einen Seite der eine Gerechte mit seinen drei Söhnen, der sogar *mit* Gott wandelte (ohne Tadel zu seinen Zeiten); auf der anderen Seite die Verdorbenheit der Welt. Hier geschieht eine Bestandsaufnahme Gottes. Auch Sodom und Gomorra ist eine Bestandsaufnahme, ebenso der Tanz um das goldene Kalb; noch stärker zu Elias Zeit, als das ganze Volk verdorben war, bis auf hundert Propheten, die versteckt waren.

Auch zu Jesu Zeit geschah eine Bestandsaufnahme: Ein Gerechter – Christus – und zwei Kreuzeszeugen. Sonst nur das totale Versagen der Jünger, Israels, der Heiden (vertreten durch Pontius Pilatus). Stehen wir nicht auch jetzt wieder nahe vor einer neuen Bestandsaufnahme Gottes vor seiner Wiederkunft? Ich glaube schon. Es ist ein Drängen, eine ungeheure Intensität in der Zeit, in der wir heute leben.

Dann schaut Gott. Was Gott sieht, das ist Wahrheit; nicht das, was wir sehen. – »... so viel der Himmel höher ist als die Erde, so sind auch meine Wege höher als eure Wege und meine Gedanken als eure Gedanken« (Jes 55,9).

»Aber die Erde war verderbt vor Gottes Augen und voller Frevel.« Hier geht es um die ganze Erde, nicht nur um die Menschen, sondern um die Erde selbst. Die Verdorbenheit war so groß, daß sie sogar Auswirkungen auf die Erde zeigte. So wird diese Erde selbst durch die Sintflut vernichtet werden. Die negative Auswirkung – wir werden darüber später sprechen in bezug auf die Tiere –, die vom Menschen ausgeht, umfaßt die ganze Schöpfung, denn der Mensch ist das höchste Geschöpf Gottes. Alles was dazu geschaffen ist, soll ihm dienen. Wenn er besudelt ist, so ist alles, womit er zu tun hat, mit hineingenommen in dieses Gericht. Deswegen steht hier »die Erde« sei verdorben.

Neulich sagte mir jemand, nachdem ich positiv über Tiere gesprochen hatte, er kenne auch ganz böse Tiere. Die Leute, die Herr über diese Tiere sind, sind allerdings böse, und dies wirkt sich auf die Tiere aus. Die Auswirkungen, die wir haben, begrenzen sich nicht nur auf unsere Familie, sondern gehen auch auf die Tiere der Familie, manchmal sogar auf ganze Ortschaften über. So ging es mir einmal, als ich in einem Ort einen Vortrag hielt. Der Ort strahlte für mich irgendwie eine negative Atmosphäre aus. Später erfuhr ich, daß Justinus Kerner, der schwäbische Dichter, in diesem Ort eine Frau behandelt hatte, die von bösen Geistern geplagt worden war.

»Aber die Erde war verderbt vor Gottes Augen und voller Frevel. Da sah Gott auf die Erde, und siehe, sie war verderbt; denn alles Fleisch hatte seinen Weg verderbt auf Erden.« Schauen wir einmal die Wortwahl an. (Man sollte immer bei der gleichen Bibelübersetzung bleiben.) Das Wort »sehen« kommt hier immer wieder vor – Gott *sah* auf die Erde, er machte eine Bestandsaufnahme. Und *siehe* sie war verderbt. Das bedeutet, daß das Sehen die Bestätigung der Wirklichkeit ist. Was Gott sieht, *ist* Wirklichkeit. Gottes Bestandsaufnahme bedeutet in sich Wahrheit.

Bei uns funktioniert dies jedoch nicht. Wir sehen etwas an, wir sehen ein zweites Mal hin, um es wahrzunehmen. Es dauert lange, bis wir manche Dinge mit unserem Verstand begreifen können. Wenn Gott sieht, erkennt er sofort. Wenn er spricht, wird etwas geschaffen oder bestimmt.

»Da sprach Gott zu Noah: Das Ende alles Fleisches ist bei mir beschlossen« (Eine härtere Bestandsaufnahme gibt es nicht), »denn die Erde ist voller Frevel von ihnen; und siehe (nochmals siehe), ich will sie verderben mit der Erde.« Die Menschen sind im Geist verdorben. Was im Geist verdorben ist, wird zum Tod gerufen, denn Sünde führt zum Tod.

Hier ist die Verdorbenheit im doppelten Sinn zu verstehen: Die Menschen sind durch ihre Sünde verdorben, und weden deshalb vom Richter (als Folge der Sünde) ins Verderben geführt. Das erweckt eine sehr zentrale Frage (eine Frage, die mir auch Schwerverbrecher in Freiburg gestellt haben): »Was ist die Sünde gegen den Heiligen Geist?« Wann gibt es keine Umkehr mehr? Wann ist ein Mensch für immer, für ewig gerichtet? Hier wird deutlich gezeigt, daß es so einen Punkt gibt. Die Antwort ist ganz offensichtlich: Keiner von uns weiß vorher, wann Gott einen Schlußstrich zieht. Unser Auftrag ist, zu retten, was zu retten ist. Jesus hat einem Mörder den Weg in sein Reich versprochen; auch allen möglichen Verdorbenen, Dirnen, Räubern, Zöllnern hat er den Weg gewiesen. Gottes Pläne kennen wir nicht, aber wir sollen nach seinem Willen handeln. Seine Wege und seine Sicht sind Wahrheit, nicht unsere Sicht und Wege. Es gibt die Aussage über Judas Iskariot, daß es für ihn besser gewesen sei, er wäre nie geboren worden. Er ist einer, der nicht zu retten ist. Wir können nicht sagen, wann ein Mensch über diese Grenze geht. Das liegt nicht in unserem Ermessen. Es ist eine richtende Aussage, die nur in Gottes Ermessen steht. Wir müssen handeln, als ob jeder gerettet werden könnte. Doch wenn Mörder, wenn in jeder Art Verdorbene gerettet werden können, dann ist die Grenze sehr weit. Gott möchte lieber Gnade üben als Gericht.

»… denn die Erde ist voller Frevel von ihnen; und siehe…« (Immer wieder: siehe und sprach.) »Siehe« bedeutet, daß das, was Gott sieht, Wahrheit ist; er nimmt wahr, und spricht dann. Sehen und Sprechen gehören zueinander. Doch beides können wir im eigentlichen Sinn nicht. Wir können nie in ein Menschenherz sehen. Manche wirken oberflächlich, können aber sehr tiefe Empfindungen haben. Andere wirken sehr interessiert und aufmerksam, machen sich aber im Grunde nichts aus dem Wort Gottes. (Dies muß ich auch immer wieder bei meinen Konfirmanden feststellen.) Gott sieht, und er spricht. Es geht um die Frage des Richtens.

Richten bedeutet nicht nur den Vollzug eines Urteils, sondern auch eine endgültige Bestandsaufnahme. Natürlich müssen wir im fleischlichen Sinn hier auf der Erde nach den Gesetzen richten, aber eben nicht endgültig im Sinne Gottes. Das kann kein Mensch.

»Mache dir einen Kasten von Tannenholz und mache Kammern darin und verpiche ihn mit Pech innen und außen.« Hier erkenne ich eine Parallele zu Mose. Auch er lag in einem mit Pech verklebten Kästchen. Die Arche ist der große Kasten für die Tiere, Menschen, die die Fortführung der Welt bedeuten. Die ganze Verheißung Gottes ist einem kleinen Kästchen ausgeliefert. Noah war dem großen Regen der Sintflut 40 Tage und Nächte ausgeliefert. Mose war Krokodilen, Flut und Nahrungsmangel ausgeliefert und mußte schnell entdeckt werden. Die ganze Zukunft der Welt lag in diesem kleinen Kasten.

Dieses Bild erfährt dann noch eine Vertiefung mit Jesus, der in einem Stall geboren wurde. Die ganze Welt lag da. Der Retter der Welt, der wahre ecce homo (»siehe ein Mensch«), der Retter, der das erfüllte, was bei Noah und Mose vorgedeutet wurde. Jesus lag in einem Stall wie Mose in seinem kleinen Kästchen oder wie Noah mit allen Tieren in seiner großen Arche.

»Ein Fenster sollst du daran machen obenan, eine Elle groß. Die Türe sollst du mitten in seine Seite setzen. Und er soll drei Stockwerke haben, eines unten, das zweite in der Mitte, das dritte oben.«

Diese Zahlen haben meines Erachtens eine Bedeutung. Kein anderer als Shakespeare, den ich sehr gerne zitiere, hat dieses Bild »Fenster« wunderbar übernommen. Er hatte so einen intuitiven biblischen Sinn. Er nannte es »the windows of our world«, die Fenster unserer Welt. Warum war ein Fenster in der Arche? Sicher vor allem auch als ein Zeichen. Man sollte sehen, daß hier eine Welt im Sterben lag.

»Das sollst du wahrnehmen, Noah, du und deine Kinder und die Frauen, daß du es mit einem ernstzunehmenden Gott zu tun hast; einem Gott, der dich aus Gnade rettet, aber ein Gott, der auch bereit ist zu richten.« Ich hoffe, daß auch wir so ein Fenster in unserer Sicht des Herrn öffnen, so daß wir endlich anfangen, diesen Herrn ernstzunehmen. Das Fenster deutet die Entfernung zum Herrn an. Wir sollten niemals vergessen, daß das Leben *wie* der Tod dem Herrn gehören. Wir sollten das Gericht vor Augen haben; wir sollen unseren Tod vor Augen haben. Denn das ist das Gericht über jeden von uns Menschen. Doch Christus will uns in seine Arche, in seine Gemeinde nehmen, und durch diese Stürme, durch diese Zeit bis zur neuen Welt, zum neuen Leben bringen. Das ist sinnbildlich der Weg durch diese Welt, durch das Gericht, die gerichtete Welt zu Gottes Himmelreich. Dieses Fenster steht für die Aussicht und Erkenntnis, daß Gott der Herr ist. Der gerechte, richtende Gott ist aber zugleich der rettende, schützende Herr. Das ist »the window of our world«, die Kenntnis von Gottes Wirklichkeit als Herr des Lebens und der Rettung und Herr der Gerechtigkeit und des Gerichts. Das ist ein Bild, das wir niemals vergessen sollten. Wenn es kein Fenster gibt, dann ist man in seinem Kasten nur unter sich. Hier wird das Gericht wahrgenommen. Das ist ebenso wichtig für uns und unsere Sicht unserer Welt und für unsere Zukunft wie für unseren missionarischen Auftrag.

»Die Türe sollst du mitten in seine Seite setzen.« Warum die Betonung auf Tür? Die Tür schloß Gott vor der Sintflut, denn er ist der Steuermann. Aber die Türe kann nicht nur hineinführen, sondern auch hinausführen. Das bedeutet, daß wir Zukunft haben, weil die neue Welt kommt. So sagten die Propheten in Babel während des Gerichts, Hesekiel und auch die Vision von Jesaja, ein später Teil von Jesaja. Diese *Vorschau*: Ihr kehrt zurück, Ihr kommt aus diesem Gericht zu neuem Leben. Andererseits habe ich in meinem zweiten Gedichtband ein Gedicht über einen Mann geschrieben, der sich in einem Zimmer mit nur einer Tür befand; er war dem Tod geweiht, denn diese Tür führte nur hinein, nicht mehr heraus.

Auch die Tür ist ein Bild. Es ist eine Tür, die Gott zumacht, weil er der ist, der für das, was da in seiner Gemeinde geschieht, bürgt. Er ist der Steuermann. Aber diese Tür wird später geöffnet, wie das Fenster, das auf das Gericht Ausblick gibt. Aber dann sieht man auf das neue Leben. Diese Tür führt zu einer neuen Welt und einer neuen Wirklichkeit hinaus. Oder es ist die Tür im Tempel, die zu Gottes Haus, zu der Wirklichkeit, der Nähe des Herrn hineinführt. Und es ist auch die Tür, die Jesus nennt; die Tür, die zu seiner Gemeinde (zu den Schafen) führt (auch in der Arche waren Tiere). »Ich bin die Tür«, sagt Jesus. Er selbst ist der Steuermann, der die Tür zumacht. In Gottes Haus führt die Tür zu ihm hinein, wo sein Name, sein Wesen ist, aber Jesus sagt selbst: Ich bin die Tür. Das bedeutet, daß der Eintritt zu dieser Gemeinde, zu dieser Gemeinschaft und zum Himmelreich nur über ihn, über seine Person, über seinen Tod erfolgen kann. Das ist die Tür zum Leben, zum Himmelreich.

»Die Tür sollst du mitten in seine Seite setzen.« Was passierte mit Jesus? Wasser kam aus seiner Seite, als er gestochen wurde, fließendes Wasser, Zeichen der Reinheit.

»Und er soll drei Stockwerke haben, eines unten, das zweite in der Mitte, das dritte oben.« Wir können diese Stockwerke nur als die drei Stockwerke der Wirklichkeit deuten. Das niedrigste Stockwerk sind wir. Über uns steht der Satan und die Mächte des Bösen, die die ganze Welt verderben. Aber über allem steht Jesus Christus, der Herr.

»Denn siehe...« Wie oft kommt diese Aussage »denn siehe«!? Es bedeutet, daß Gott wahrnimmt. Weswegen sollen auch wir sehen? Gott nimmt wahr, daher sollen wir wahrnehmen, denn er übermittelt uns diese Wahrheit. Wenn wir nicht wahrnehmen, dann sind wir vor der Tür, dann sind wir außerhalb seiner Wirklichkeit, seines Machtbereichs. »Siehe« bedeutet: Mach deine Augen auf für diese Wirklichkeit. Warum hat Jesus so viele Blinde geheilt? Als Zeichenhandlung: Dieses Volk hat Augen und sieht nicht. Sicher hat er tatsächlich Blinde geheilt. Aber es steckt etwas viel Tieferes dahinter. Dieses Volk hat fleischliche Augen, aber sie haben keine geistlichen Augen. Der Seher ist in der Bibel der Prophet, der die Wirklichkeit sieht, weil Gott ihm diese Schau der Wirklichkeit gibt.

»Denn siehe...« bedeutet aber auch die Erkenntnis der Lage. Ihr seid mein Hab und Gut, meine Beute, errettet aus einer untergehenden Welt. Genau das sind auch wir. Wir sind seine Beute, Christi Beute aus einer untergehenden Welt; das ist die Gemeinde Christi. »Denn siehe« – das bedeutet, daß ich gelernt habe, wahrzunehmen. Ich habe hier vor Jahren in der Bibelstunde einen Mann gehabt. Er war blind, seine Frau hat ihn geführt, und er kam über die Felder in den Gottesdienst. Einmal habe ich einen Text über einen Blinden, der geheilt wurde, ausgelegt. Er sagte darauf vor allen Leuten: »Ich war früher sehend, ich konnte fleischlich sehen, aber ich war blind für die Wahrheit, für Christus. Dann habe ich mein Augenlicht verloren, jetzt bin ich sehend geworden.« Er hatte verstanden, um was es geht. Es geht nicht um das fleischliche Sehen, wir sehen mit unseren Augen nicht die Wirklichkeit, es geht um das geistliche Sehen. Dieses Sehen erhalten wir durch die Bibel! Nicht was wir uns ausdenken, was wir intuitiv spüren, sondern dieses Buch öffnet uns die Augen zum wahren Sehen.

»Denn siehe, ich will eine Sintflut kommen lassen auf Erden, zu verderben alles Fleisch...« Denn das ist verdorben, und die

Auswirkung der Verdorbenheit ist der Tod, das endgültige Verderben.

»… zu verderben alles Fleisch, darin Odem des Lebens ist, unter dem Himmel. Alles, was auf Erden ist, soll untergehen.« Mose weigerte sich, nach der neunten Plage ohne die Tiere aus Ägypten auszuziehen. Natürlich brauchte er die Tiere in erster Hinsicht wegen der Opfer, dem Bezug zu Gott, aber er brauchte sie in zweiter Hinsicht auch wegen der Beziehung zu den Tieren selbst. Solange es Leben hier auf Erden gibt, wird es Tiere geben. Im Tausendjährigen Friedensreich genauso. Tiere gehören zu uns. Aber wenn wir nur Verachtung für Tiere übrig haben, dann haben wir letzten Endes Verachtung für den Auftrag, den Gott uns gegeben hat.

»Alles, was auf Erden ist, soll untergehen. Aber mit dir will ich meinen Bund aufrichten…« Ein Bund ist kein demokratischer Kompromiß, weder der Alte noch der Neue noch der Bund mit Noah. Denn Gott bestimmt, und er bürgt dafür. Israel kann an dem Bund versagen, und auch wir können am Neuen Bund versagen, das spielt letzten Endes keine Rolle, denn Gott versagt nicht. Er bürgt. Er hält zu Israel, und er hält zu uns. Das bedeutet, es wird immer Israel, Juden geben, solange die Welt besteht; und es wird auch immer Christen geben, solange die Welt besteht.

»Aber mit dir will ich meinen Bund aufrichten, und du sollst in die Arche gehen…« Du sollst an *meinen* geschützten Ort gehen. Du bist meine Beute. Warum passiert so viel in einem Boot? Jesus predigte in einem Boot, er stillte den Sturm, er wandelte über das Wasser zu einem Boot. Da ist wieder dieses Sinnbild wie bei Mose das kleine Kästchen, der geschützte Ort im Sturm der Zeit (die Gemeinde). Das Lied »Ein Schiff, das sich Gemeinde nennt«, ist ungeheuer tiefsinnig.

»… und du sollst in die Arche gehen mit deinen Söhnen, mit deiner Frau und mit den Frauen deiner Söhne.« Das bedeutet *mein* Bund und die Arche – warum steht dies beieinander? Ich richte einen Bund auf – und du gehst in die Arche. Weil es das Zeichen des Bundes hier ist. Das spätere Zeichen wird nach der Sintflut der Regenbogen sein. Aber hier ist die Arche das Zeichen für die Bürgschaft und den Schutz Gottes. Das Gericht kommt von Gott, aber er schützt auch zugleich. Es ist das Zeichen seines Bundes, daß er Noah und seine Familie erhalten würde. Das Zeichen des Neuen Bundes ist, daß Christus zu uns hält. Wenn wir bis ans Ende beharren – und er gibt uns die Kraft dazu –, werden auch wir neues Land erwerben wie Noah. Gott ist der Steuermann, ob in der Arche oder in der Gemeinde.

»Und du sollst in die Arche bringen von allen Tieren, von allem Fleisch, je ein Paar, Männchen und Weibchen, daß sie leben bleiben mit dir.« Diese Anweisung wird später noch genauer umfaßt, indem je sieben Paare der reinen und ein Paar der unreinen Tiere bestimmt werden. Die sieben Paare der reinen Tiere erinnern natürlich an die Schöpfung. Die besondere Trennung in rein und unrein hat mit dem Alten Bund, auch mit den Opfergesetzen, zu tun. Nur die reinen Tiere werden geopfert.

»Von den Vögeln nach ihrer Art, von dem Vieh nach seiner Art und von allem Gewürm auf Erden nach seiner Art«. Gerade Vögel, Vieh und Gewürm erinnern auch hier wieder an die Schöpfung. Die Schöpfung wird erhalten trotz des Gerichts, des Todes. Es gibt immer wiederkehrende Motive in der Bibel. Auch negative, zum Beispiel als die Israeliten nach Babel geschickt wurden. Dies bedeutete nichts anderes für die Israeliten als die Rückkehr nach Ägypten, in die Gefangenschaft von Ägypten. Als ob man an den Uranfang zurückgegangen ist, als ob die ganze Geschichte zunichte gemacht ist. Israel ist aus dem Land vertrieben, der Tempel ist zerstört. Israel wird wieder in die Knechtschaft geschickt, und es ist noch schlimmer als in Ägypten, denn sie haben versagt, das vom Herrn Gegebene zu erhalten.

Jedes nach seiner Art. Warum noch Vögel und Gewürm? Die Zerstörung wird so groß sein, daß kein Vogel überleben wird, alles, wovon er leben kann, wird untergehen. Gleichzeitig geht die Sintflut so tief, daß auch das Gewürm tief in der Erde sich nicht retten kann. So allumfassend wird dieses Gericht sein.

»Und du sollst dir von jeder Speise nehmen, die gegessen wird, und sollst sie bei dir sammeln, daß sie dir und ihnen zur Nahrung diene.« Ich denke, daß die Versorgung hier vegetarisch gemeint war, für Mensch wie Tiere (wie im Tausendjährigen Friedensreich). Mit »ihnen« sind die Tiere gemeint, das bedeutet, daß die Tiere hier nicht gegessen werden. Es ist nach dem Paradies das erstemal, daß das Tausendjährige Friedensreich in der Bibel vorgedeutet wird. Denn was passiert im Tausendjährigen Friedensreich? Kein Tier wird mehr gegessen werden, es wird keine Schlachtungen mehr geben, es wird keine Feindschaft zwischen Menschen und Tieren geben. Sie werden alle Gemüse usw. essen, und sie werden im Frieden untereinander bleiben. Genau dies passiert hier bei Noah. Hier sind alle Bedingungen des Tausendjährigen Friedensreichs gegeben.

Noah sorgte mit seiner Familie für diese Tiere, keines wurde geschlachtet, jedes lebte in Frieden mit den anderen, die wilden und die zahmen Tiere. Die Nahrung kam nicht mehr von den Tieren. Hier war eine Gemeinschaft, die zusammenhielt.

Die Sintflut

Und der Herr sprach zu Noah: Geh in die Arche, du und dein ganzes Haus; denn dich habe ich gerecht erfunden vor mir zu dieser Zeit. Von allen reinen Tieren nimm zu dir je sieben, das Männchen und sein Weibchen, von den unreinen Tieren aber je ein Paar, das Männchen und sein Weibchen. Desgleichen von den Vögeln unter dem Himmel je sieben, das Männchen und sein Weibchen, um das Leben zu erhalten auf dem ganzen Erdboden. Denn von heute an in sieben Tagen will ich regnen lassen auf Erden vierzig Tage und vierzig Nächte und vertilgen von dem Erdboden alles Lebendige, das ich gemacht habe. Und Noah tat alles, was ihm der Herr gebot. Er war aber sechshundert Jahre alt, als die Sintflut auf Erden kam. Und er ging in die Arche mit seinen Söhnen, seiner Frau und den Frauen seiner Söhne vor den Wassern der Sintflut. Von den reinen Tieren und von den unreinen, von den Vögeln und von allem Gewürm auf Erden gingen sie zu ihm in die Arche paarweise, je ein Männchen und Weibchen, wie ihm Gott geboten hatte.

Und als die sieben Tage vergangen waren, kamen die Wasser der Sintflut auf Erden. In dem sechshundertsten Lebensjahr Noahs am siebzehnten Tag des zweiten Monats, an diesem Tag brachen alle Brunnen der großen Tiefe auf und taten sich die Fenster des Himmels auf und ein Regen kam auf Erden vierzig Tage und vierzig Nächte. An eben diesem Tage ging Noah in die Arche mit Sem, Ham und Jafet, seinen Söhnen, und mit seiner Frau und den drei Frauen seiner Söhne; dazu alles wilde Getier nach seiner Art, alles Vieh nach seiner Art, alles Gewürm, das auf Erden kriecht, nach seiner Art und alle Vögel nach ihrer Art, alles, was fliegen konnte, alles, was Fittiche hatte; das ging alles zu Noah in die Arche paarweise, von allem Fleisch, darin Odem des Lebens war. Und das waren Männchen und Weibchen von allem Fleisch, und sie gingen hinein, wie denn Gott ihm geboten hatte. Und der Herr schloß hinter ihm zu.

Und die Sintflut war vierzig Tage auf Erden, und die Wasser wuchsen und hoben die Arche auf und trugen sie empor über die Erde. Und die Wasser nahmen überhand und wuchsen sehr

auf Erden, und die Arche fuhr auf den Wassern. Und die Was-
ser nahmen überhand und wuchsen so sehr auf Erden, daß alle
hohen Berge unter dem ganzen Himmel bedeckt wurden. Fünf-
zehn Ellen hoch hingen die Wasser über die Berge, so daß sie
ganz bedeckt wurden.

Da ging alles Fleisch unter, das sich auf Erden regte, an
Vögeln, an Vieh, an wildem Getier und an allem, was da wim-
melte auf Erden, und alle Menschen. Alles, was Odem des Le-
bens hatte auf dem Trockenen, das starb. So wurde vertilgt
alles, was auf dem Erdboden war, vom Menschen an bis hin
zum Vieh und zum Gewürm und zu den Vögeln unter dem Him-
mel; das wurde alles von der Erde vertilgt. Allein Noah blieb
übrig und was mit ihm in der Arche war. Und die Wasser wuch-
sen gewaltig auf Erden hundertundfünfzig Tage.

1. Mose 7

Wer seine Zweifel an der Sintflut hat, sollte folgendes wissen: In den 20er Jahren unseres Jahrhunderts waren Archäologen aus Großbritannien in der Gemeinde Ur, der Stadt, aus der Abraham stammt, beschäftigt. Je tiefer man in die Erde gräbt, Schicht um Schicht, desto weiter kommt man zurück in die Zeit der Vergangenheit. So sahen wir zum Beispiel in Athen über eintausend Jahre alte Kirchen, welche mehrere Meter versunken waren, so daß wir Treppen hinuntersteigen mußten, um sie zu besuchen. Dieses englische Archäologen-Team entdeckte in Ur zuerst Schicht um Schicht die Reste längst versunkener, verschollener Zivilisationen. Aber dann, plötzlich fanden sie nichts mehr, obwohl sie weitergruben. Denn kein Mensch lebte in Ur zu der Zeit, zu welcher diese Schicht gehörte. Einer der Gruppe war aber bibelfest und bibelgläubig, und eine Vermutung wuchs in ihm. Er sagte: »Wir müssen noch viel tiefer graben.« Dann waren plötzlich nochmals Scherben zu finden. Damit war die Sintflut wissenschaftlich bestätigt, denn die Zeit ohne Scherben, ohne Leben, paßte sehr genau zu der biblischen Zeit der Sintflut. Vorher gab es dort Leben (zu Noahs Zeit) und auch nachher zu Abrahams Zeit wieder, aber dazwischen gab es kein Leben. Dies war die Zeit der Sintflut. Ausgrabungen in der ganzen Gegend bestätigten diese Ergebnisse. So wurde die Sintflut, wie vieles andere, was die Wissenschaftler der Bibel zunächst nicht glaubten, dann wissenschaftlich bestätigt.

Faszinierend an unserem Text sind die Vordeutungen auf das,

was in der Zukunft passieren wird, sowohl in der Bedeutung von Zahlen als auch von Bildern. Die Bibel ist im wahrsten Sinne des Wortes ein Bilderbuch, denn die Sprache der Bibel ist eine Bildersprache. Hat nicht Jesus gesagt:»... selig sind eure Augen, daß sie sehen...« (Bilder), und »Wer Ohren hat, der höre!« (Wort)? Und redet nicht Johannes ständig von Zeichen (Bildern)?

Diese Arche ist nicht nur ein gewöhnliches Schiff, sondern zugleich ein Symbol für die Gemeinde, wie es auch das schon erwähnte Lied zum Ausdruck bringt:»Ein Schiff, das sich Gemeinde nennt...« War nicht ein zentraler Ort von Jesu Wirken auch ein Schiff, das Schiff von Petrus? Hier sehen wir, wie er zum Volk predigt, wie er den Kleinglauben seiner Jünger ans Licht bringt, wie er zu Wind und Wellen spricht. Dieses Lied sieht die See als Zeichen für die Zeit, und der Sturm, die Stürme, welche die Jünger erleben, als die Nöte ihrer Zeit. Wie bei Noahs Arche ist der Herr selbst der Steuermann. Er allein schließt die Arche. Er allein weiß, was für ein Ziel seine Gemeinde ansteuern soll (sein Reich), und er allein weiß Mittel und Wege dazu. So ging es zu Noahs Zeit wie zu Jesu Zeit.

Dieser Text in der Urgeschichte weist ständig Vordeutungen auf den Alten Bund, den Bund mit dem Volk Israel auf. Denn hier werden reine und unreine Tiere getrennt, wie in den Reinheitsgesetzen des Alten Bundes. Acht Menschen werden in die neue Welt gerettet; Noah, seine Frau, je drei Söhne und Schwiegertöchter. Diese Zahl 8 deutet auf den Tag der Beschneidung im Alten Bund, sie ist sozusagen eine jüdische Vordeutung der christlichen Taufe.

Zahlen spielen in diesem Text, wie in der ganzen Bibel, eine wichtige Rolle. Wir sollten allerdings niemals in bezug auf Zahlen spekulieren. Wir brauchen keinen Computer, um biblische Theologie zu betreiben. Aber andererseits übersieht derjenige viel, der die zentrale Bedeutung der Zahlen in der Bibel nicht sieht. In unserem Text spielen die Zahlen 7 und 40 eine zentrale Rolle. Die 7 Paare von reinen Tieren, die 7 Tage vor der Sintflut sind Anspielungen auf die Schöpfungszahl der Bibel, denn der Herr hat die Schöpfung in diesen seinbestimmenden 7 Tagen vollbracht. Hier wird gezeigt, daß der Herr der Schöpfung auch der Herr des Lebens ist, nicht nur Schöpfer über das Leben, sondern zugleich auch Herr des Gerichtes, des Todes. Was er schuf, kann und wird er manchmal vernichten. Die 7 reinen Paare bedeuten einen Rückblick auf seine Schöpfung und damit auch auf seinen Erhaltungswillen. Laßt uns den richtenden Gott nie verharmlosen.

Es gab nicht nur eine Sintflut, sondern auch ein Sodom und Gomorra. Es gab auch Gericht um Gericht über Gottes eigenes, erst-
geliebtes Volk, und Jesus selbst sprach in seinem Weheruf das
Gericht über mehrere Städte, auch über das heute vernichtete Kapernaum, weil es seine Botschaft nicht annahm. Hat nicht auch
Paulus Verfluchungen ausgesprochen? Laßt uns niemals unseren
brennenden, eifernden Gott verniedlichen, oder nach unserem
eigenen Wunschbild verharmlosen!

Die Zahl 40 (wie 3, 7, 8, 10, 12, 22) ist eine »stehende«, sich
wiederholende Zahl in der Bibel. 40 Tage und Nächte der Sintflut;
Israels 40 Jahre dauernde Wüstenwanderung; David und Salomo,
zentrale Könige, haben beide 40 Jahre regiert; Jesus wurde 40
Tage und Nächte vom Satan in der Wüste versucht. 40 bedeutet
somit einen gesamten historischen Abschnitt.

Unser Text enthält noch eine Anspielung auf die Schöpfung.
Nicht nur die 7 reinen Paare und ihre Erhaltung bezeugen hier
diesen historischen Rückblick, sondern auch die Nennung der
Tierarten. Kommt uns diese merkwürdige Betonung auf Gewürm
wie auf Vögel nicht bekannt vor? – Jawohl, aus dem Schöpfungsbericht! Hier wird die allumfassende Auswirkung der Schöpfung
von oben (himmelwärts), die Vögel bis zum kriechenden Gewürm
gezeigt.

Noch etwas Faszinierendes ist, daß unser Text eine zentrale
Vordeutung auf Gottes zukünftiges Tausendjähriges Friedensreich enthält. Auch dieses Thema ist schon in der Urgeschichte
vorhanden, wie fast alle zentralen Themen der Bibel. Im Paradies
lebten Menschen und Tiere friedlich miteinander. Nach dem Sündenfall opferte Gott das erste Tier als Bekleidung für Adam und
Eva, um die Urmenschen zu schützen. Jetzt, hier in der Arche
Noah leben wilde Tiere wie Löwen friedlich mit Schafen und anderen Tieren. Auch die Menschen sind in der Arche friedlich beieinander. Wir denken sofort an Jesaja 11 und die Beschreibung
des Tausendjährigen Friedensreiches in bezug auf die Tiere untereinander, wie in bezug auf Menschen untereinander und deren
Beziehung zu den Tieren.

Aber was ist der Mittelpunkt unseres Textes? Gericht für die
gottlose Welt und zu seiner Zeit Errettung für Noah, den Gerechten, und seine Familie. Biblisch gesehen, Segen für Noahs Familie und Gericht über die gottlose Welt. Mitten durch dieses so
allumfassende Gericht geht diese Arche zur neuen Welt, wie
Noah seine klaren und gerechten Wege trotz seiner gottlosen Welt
im Gehorsam ging.

Dieses Bild von Gericht und Segen erreicht seine Vollendung, seinen Höhepunkt in der Bibel in Jesu klarem Weg im Gehorsam zum Herrn (erste Tafel Mose) und in seiner totalen Hingabe und Nächstenliebe (zweite Tafel Mose) zu uns verlorenen Sündern. Sein Weg endete auf Golgatha, wo endgültiger Segen und endgültiger Fluch gekennzeichnet wurden; nicht nur durch die beiden Schächer und ihr Verhalten Jesu gegenüber, sondern allgemein in bezug auf seine ausgestreckten, segnenden Hände am Kreuz. Nur wer Zuflucht unter seinen erbarmenden Händen sucht, sich erniedrigt unter seinem Herrn und Heiland wie der zweite Schächer, wird errettet werden. Erst nachdem der zweite Schächer seine Schuld erkannte, Buße tat und Jesus als Herrn anerkannte und um Einlaß in sein Reich bat, sagte Jesus zu ihm, wie zu jedem bußetuenden Sünder unter seinem Kreuz, daß er ihn mit ins Paradies nehmen werde; diesem sterbenden Schächer sagt er dies sogar für »heute« zu. Aber wehe uns, wenn wir diese Zuflucht nicht suchen, wenn wir nicht aus seiner Vergebung in Buße, in Erkenntnis unserer eigenen Verlorenheit leben, dann sind wir außerhalb des Heils wie die fünf Jungfrauen, welche eine versperrte Tür zu Gottes Reich vorfanden.

Dies ist eine ernste Sache: Das Gericht über die Welt zur Zeit Noahs wie Gottes richtende Macht überhaupt; und zugleich Jesu totale Hingabe für uns, an unserer Stelle, unser Gericht auf sich zu nehmen, die Verfluchung des für uns unerfüllbaren Gesetzes. Hören wir auf sein Wort, jetzt, wie damals Noah. Folgen wir, wie Jesus es verlangt (»komm und folge mir nach«), und leben wir aus seiner Kreuzeskraft der Vergebung, denn dann (und nur dann) wird es Frieden für uns geben. Jetzt auf Erden und dann vollendet in seinem ewigen Reich, dem endgültigen Ziel seiner Gemeinde, seiner Arche, welche er für uns jetzt durch Wind und Wellen, durch rauhe Zeiten steuert.

Die Neue Welt

Da gedachte Gott an Noah und an alles wilde Getier und an alles Vieh, das mit ihm in der Arche war, und ließ Wind auf Erden kommen, und die Wasser fielen. Und die Brunnen der Tiefe wurden verstopft samt den Fenstern des Himmels, und dem Regen vom Himmel wurde gewehrt. Da verliefen sich die Wasser von der Erde und nahmen ab nach hundertundfünfzig Tagen. Am siebzehnten Tag des siebenten Monats ließ sich die Arche nieder auf das Gebirge Ararat. Es nahmen aber die Wasser immer mehr ab bis auf den zehnten Monat. Am ersten Tage des zehnten Monats sahen die Spitzen der Berge hervor.

Nach vierzig Tagen tat Noah an der Arche das Fenster auf, das er gemacht hatte, und ließ einen Raben ausfliegen; der flog immer hin und her, bis die Wasser vertrockneten auf Erden. Danach ließ er eine Taube ausfliegen, um zu erfahren, ob die Wasser sich verlaufen hätten auf Erden. Da aber die Taube nichts fand, wo ihr Fuß ruhen konnte, kam sie wieder zu ihm in die Arche; denn noch war Wasser auf dem ganzen Erdboden. Da tat er die Hand heraus und nahm sie zu sich in die Arche. Da harrte er noch weitere sieben Tage und ließ abermals eine Taube fliegen aus der Arche. Die kam zu ihm um die Abendzeit, und siehe, ein Ölblatt hatte sie abgebrochen und trug's in ihrem Schnabel. Da merkte Noah, daß die Wasser sich verlaufen hätten auf Erden. Aber er harrte noch weitere sieben Tage und ließ eine Taube ausfliegen; die kam nicht wieder zu ihm.

Im sechshundertundersten Lebensjahr Noahs am ersten Tage des ersten Monats waren die Wasser vertrocknet auf Erden. Da tat Noah das Dach von der Arche und sah, daß der Erdboden trocken war. Und am siebenundzwanzigsten Tage des zweiten Monats war die Erde ganz trocken. Da redete Gott mit Noah und sprach: Geh aus der Arche, du und deine Frau, deine Söhne und die Frauen deiner Söhne mit dir. Alles Getier, das bei dir ist, von allem Fleisch, an Vögeln, an Vieh und allem Gewürm, das auf Erden kriecht, das gehe heraus mit dir, daß sie sich regen auf Erden und fruchtbar seien und sich mehren auf Erden. So ging Noah heraus mit seinen Söhnen und mit seiner Frau und den Frauen seiner Söhne, dazu alle wilden

Tiere, alles Vieh, alle Vögel und alles Gewürm, das auf Erden kriecht; das ging aus der Arche, ein jedes mit seinesgleichen.

Noah aber baute dem Herrn einen Altar und nahm von allem reinen Vieh und von allen reinen Vögeln und opferte Brandopfer auf dem Altar. Und der Herr roch den lieblichen Geruch und sprach in seinem Herzen: Ich will hinfort nicht mehr die Erde verfluchen um der Menschen willen; denn das Dichten und Trachten des menschlichen Herzens ist böse von Jugend auf. Und ich will hinfort nicht mehr schlagen alles, was da lebt, wie ich getan habe. Solange die Erde steht, soll nicht aufhören Saat und Ernte, Frost und Hitze, Sommer und Winter, Tag und Nacht.

1. Mose 8

Es ist sehr interessant an unserem Text, daß Noah dreimal eine Taube aus der Arche fliegen läßt, nachdem vorher ein Rabe ausgeflogen war. Raben sind unreine Vögel, weil sie sich von totem Fleisch ernähren, und der Tod verunreinigt absolut, denn der Tod ist der Sünde Sold. Die Taube dagegen ist ein reiner Vogel; damit werden hier die reinen und unreinen Bestimmungen des Alten Bundes vorgedeutet. Dazu wird dann später berichtet, daß reine Tiere dem Herrn geopfert wurden. Die Taube spielt auch im Neuen Testament eine wichtige Rolle, denn als Jesus getauft wurde, flog eine Taube vom Himmel herab. Hier bei Noah versinnbildlicht die Taube neues Leben, denn sie bringt neues Leben zurück von einer neuen Welt, diesen Ölzweig; und sie ist das erste Geschöpf, welches sich in der neuen Welt ansiedelt.

Die Taube bei der Taufe Jesu steht für den Heiligen Geist. In unserer Zeit hat die Taube besonders das Symbol des Friedens angenommen, denn man hält sie für einen friedfertigen Vogel. Hat aber nicht diese dreifache Bedeutung der Taube eine zentrale Einheit, denn durch den Heiligen Geist gibt es wahres und neues Leben, nämlich in Jesus Christus, der *das* Leben selbst ist. Christus ist unser Friede, nicht irgendeine menschlich gemachte und menschlich gedachte Bewegung.

Auch der Rabe spielt in der Bibel nochmals eine wichtige Rolle, denn es war ein Rabe, welcher Elia am Morgen und am Abend am Bach Krit zu essen brachte, als es weder Regen noch Tau im Lande gab. Diese unreinen Tiere müssen auch Gottes Heilsplan dienen, denn der Schöpfergott ist Herr über das Unreine wie über das Reine. Jesus zeigte uns, daß wir in unserem Herzen alle unrein sind, aber durch sein Kreuzesblut werden die Gläubigen rein.

Diese Trennung von reinen und unreinen Tieren hat ebenso mit Israels Erwählung zu tun, denn im Alten Bund wird die Welt zwischen dem, was reingehalten wird für Gott, das Volk Israel, und den Heiden getrennt. Diese Trennung in der Schöpfung, welche erst in Christi Reinheit, in seinem Kreuzesblut wiederhergestellt wird, vollzieht sich im Alten Bund auch durch die ganze Tierwelt – deswegen die reinen und unreinen Tiere.

Was in unserem Text auch sehr betont wird, ist die Errettung der ganzen Welt, Menschen wie Tiere jeder Gattung für diese neue Welt. Die Tiere, welche genannt werden, erinnern sehr an die Schöpfung selbst, denn Vieh und Gewürm werden als das größte Haustier und das niedrigste Tier am Boden, Vögel und Fische für das Leben in der Luft und auch im Wasser genannt.

Acht Menschen sind es, Noah und seine Frau und die drei Söhne mit ihren Frauen, nochmals als Vordeutung des Alten Bundes, denn am achten Tag geschieht die Beschneidung. Gott befahl allem Geschöpf, sich zu mehren. Das war auch sein Befehl über die Schöpfung selbst und gilt in Israel mit Recht als das erste von 613 Geboten und Verboten in der Thora.

Hier vollzieht sich etwas Ähnliches wie die Schöpfung selbst, eine neue Welt. Die Sprache dieses Textes ist auch zum guten Teil die Sprache der Schöpfung. Aber neuer Anfang, neues Leben ist hier nicht nur positiv gemeint. Erstens geschieht es über ein Reinigungsbad, welches die damalige Welt vernichtet hat, und zweitens (hier sehr wichtig) ist die Ursache dieses Gerichtes nicht aus der Welt geschafft. Denn der Herr sprach: »Ich will hinfort nicht mehr die Erde verfluchen um der Menschen willen; denn das Dichten und Trachten des menschlichen Herzens ist böse von Jugend auf.« So ist auch diese neue Welt schon vorbelastet.

Dies wird bald darauf beim Turmbau zu Babel deutlich. Die Notwendigkeit, nochmals einen neuen Anfang zu machen, tritt ein; diesmal durch einen Mann und ein Volk, nämlich durch Abraham und dann das Volk Israel. Wir denken hier daran, wie auch Israel auf seinen Anfang als Volk in Ägypten zurückgeworfen wird, nach seiner so tiefen Schuld gegen seinen Herrn und dessen Propheten. Ich meine in diesem Sinne die Knechtschaft in Babel.

Aber dieser neue Anfang ist nicht nur negativ, sondern auch zutiefst positiv, denn diese neue Welt beginnt mit dem Zeichen des Friedens, des neuen Lebens, des Heiligen Geistes, durch das Herauslassen ihres ersten Geschöpfes, der Taube. Diese Welt, unsere Welt wird damit ihrem Ziel, ihrem Ende im Tausendjährigen Friedensreich entgegengeführt. Dazu ist die erste menschliche Tat so beschrieben:»Noah aber baute dem Herrn einen Altar und nahm von allem reinen Vieh und von allen reinen Vögeln und opferte Brandopfer auf dem Altar.« Dieser Gedanke ist dann weiter fortgesetzt in der Übergabe der Zehn Gebote auf zwei Tafeln an Mose (diese erste Tafel hat mit unserer Beziehung zu dem Herrn zu tun, aus der unsere Beziehungen zu unseren Mitmenschen gestaltet werden sollen). Im Alten Bund ist das Opfer das Mittel der Versöhnung mit dem Herrn. Jesus vollendete, was hier vorgedeutet wurde, indem er beide Tafeln Moses in der letzten Tiefe für uns erfüllte, indem er seinem Vater gegenüber absolut gehorsam war und seine Nächsten liebte, sogar seine Feinde ganz und gar, und auch, indem sein Opfer anstelle aller Tieropfer uns Gläubige mit dem Vater versöhnt hat. Im Brandopfer erkannte Noah Gott als Herrscher über alles, was lebt und sich regt, an, auch über sich selbst. Diese Tatsache war damals äußerst gegenwärtig durch die Sintflut und zugleich durch die Errettung von Noahs Arche durch ihren Steuermann, den Herrn selbst.

Unser Text endet mit Gottes Bekenntnis zu seiner Schöpfung trotz des Bösen in unserem menschlichen Wesen. Seine Schöpfung bezeugt seine Ordnung, wie später sein Gesetz seine gegebene Ordnung für unser Leben bezeugen wird; dann wird in Jesu Bergpredigt und Kreuz diese Forderung, diese Ordnung im göttlichen Sinne ausgelegt und vollendet. Hier geht es um die Schöpfung, ihre Errettung und ihre Ordnung:»Solange die Erde steht, soll nicht aufhören Saat und Ernte, Frost und Hitze, Sommer und Winter, Tag und Nacht.« Der Herr ist damit Herr der Natur. Er gibt ihr Anfang, Kraft und Ordnung. Ihre Gesetze sind von ihm bestimmt. Was für ein Unsinn ist es dann, von»Mutter Erde« und von der Natur zu reden, als ob sie eigenmächtig sei und ihre Gesetze aus ihr selbst kämen. Diese pseudowissenschaftliche Einstellung ist fast so primitiv, wie Sonne, Mond und Sterne anzubeten, als ob sie selbst Götter seien. Nein, der Herr hat alles angefangen, er hat seine Gesetze, seine Ordnungen gegeben, und er bürgt dafür.

Was bedeutet dann diese so großartige Schau von Gottes Gericht, Gottes Gnade, Gottes Ordnungen für uns Menschen heute, kurz vor der Wiederkunft unseres Herrn? Durch den Gehorsam eines Menschen, Noah, ist der Weg zu einer neuen Welt angebahnt worden trotz des Bösen in unserem Herzen. Durch einen Menschen, Jesus Christus, der unser Gericht für uns am Kreuz trug, ist der Weg zu einer neuen Welt geöffnet, und zwar durch seine absolute Reinheit für uns, auch in uns. Der Weg dazu geht allein über die Wahrheit selbst, Jesus Christus, damit wir wahres Leben und ewiges Leben in ihm haben können. Wer im Gehorsam zu ihm lebt, der allein hat Zukunft.

Was außerhalb dieses Bereichs der Gnade steht – »Aber Noah fand Gnade bei dem Herrn« – bleibt im Gericht, wird gerichtet. So ist es dann endgültig in Beziehung zu Jesu Kreuz. Wer nicht mit dem Kleid der Gerechtigkeit durch sein Kreuzesblut bedeckt ist, bleibt unter Gottes Zorn, reif für das letzte Gericht. Paulus betont diese biblische Grundwahrheit ständig. Wehe uns, wenn wir das verharmlosen! Aber diese Kenntnis des Gerichtes ist zugleich ein Ruf zur Rettung, zum Heil. Wir sind als Christen gar nicht fröhlich über das Gericht, nur in dem Sinne, daß wir Gottes Gerechtigkeit loben und preisen, aber nicht im Sinne, was den nicht bereuenden Sündern passieren wird. Der Herr möchte viel lieber retten als richten. Wir sind als seine Werkzeuge in die Mission gerufen, hier und jetzt. Alle unsere Gaben sollen für dieses Werk eingesetzt werden wie damals bei Noah, denn die Wiederkunft unseres Herrn und Heilandes Jesus Christus ist nahe.

Der Herr weiß, wie es wirklich mit uns steht: »… denn das Dichten und Trachten des menschlichen Herzens ist böse von Jugend auf«. Er bejaht nicht die Sünde, aber er wendet sich dem Sünder zu. Der einzige Weg für uns, diese Sünde in uns zu bekämpfen, ist, nicht direkt dagegen vorzugehen (denn der Satan ist zu stark für jeden von uns), sondern wie Noah unser Leben immer fester und tiefer auf den Herrn und seine Gnade zu gründen, damit seine Herrschaft über uns immer größer wird; denn von ihm und durch ihn und zu ihm sind alle Dinge. Ihm sei Ehre in Ewigkeit!

Gottes Bund mit Noah

Und Gott segnete Noah und seine Söhne und sprach: Seid fruchtbar und mehret euch und füllet die Erde. Furcht und Schrecken vor euch sei über allen Tieren auf Erden und über allen Vögeln unter dem Himmel, über allem, was auf dem Erdboden wimmelt, und über allen Fischen im Meer; in eure Hände seien sie gegeben. Alles, was sich regt und lebt, das sei eure Speise; wie das grüne Kraut habe ich's euch alles gegeben. Allein esset das Fleisch nicht mit seinem Blut, in dem sein Leben ist! Auch will ich euer eigen Blut, das ist das Leben eines jeden unter euch, rächen und will es von allen Tieren fordern und will des Menschen Leben fordern von einem jeden Menschen. Wer Menschenblut vergießt, dessen Blut soll auch durch Menschen vergossen werden; denn Gott hat den Menschen zu seinem Bilde gemacht. Seid fruchtbar und mehret euch und reget euch auf Erden, daß euer viel darauf werden.

Und Gott sagte zu Noah und seinen Söhnen mit ihm: Siehe, ich richte mit euch einen Bund auf und mit euren Nachkommen und mit allem lebendigen Getier bei euch, an Vögeln, an Vieh und an allen Tieren des Feldes bei euch, von allem, was aus der Arche gegangen ist, was für Tiere es sind auf Erden. Und ich richte meinen Bund so mit euch auf, daß hinfort nicht mehr alles Fleisch verderbt werden soll durch die Wasser der Sintflut und hinfort keine Sintflut mehr kommen soll, die die Erde verderbe.

Und Gott sprach: Das ist das Zeichen des Bundes, den ich geschlossen habe zwischen mir und euch und allem lebendigen Getier bei euch auf ewig: Meinen Bogen habe ich in die Wolken gesetzt; der soll das Zeichen sein des Bundes zwischen mir und der Erde. Und wenn es kommt, daß ich Wetterwolken über die Erde führe, so soll man meinen Bogen sehen in den Wolken. Alsdann will ich gedenken an meinen Bund zwischen mir und euch und allem lebendigen Getier unter allem Fleisch, daß hinfort keine Sintflut mehr komme, die alles Fleisch verderbe. Darum soll mein Bogen in den Wolken sein, daß ich ihn ansehe und gedenke an den ewigen Bund zwischen Gott und allem lebendigen Getier unter allem Fleisch, das auf Erden ist. Und Gott sagte zu Noah: Das sei das Zeichen des Bundes, den ich aufgerichtet habe zwischen mir und allem Fleisch auf Erden.

1. Mose 9, 1-17

Unser Text hat einen sehr direkten Bezug zur Schöpfung. »Seid fruchtbar und mehret euch...« gilt in der Thora als das erste Gebot. Die Erde soll wieder gefüllt werden. Alles ist leer, alles ist dahingerafft, außer dem, was in der Arche war. Die Erde ist wieder für Menschen und Tiere zugänglich. Nun soll sie auch wieder mit Leben erfüllt werden. Wir haben es hier mit einem Gott des Lebens zu tun. Er segnet das Leben, er steht zum Leben. Diese Einstellung erscheint uns in unserer Zeit merkwürdig. Mehren wir uns? Nur sehr gering. Die Bevölkerung nimmt ständig ab. Die Menschen haben kein Interesse, viele Kinder zu haben – mit wenigen Ausnahmen. Das Interesse am Leben als solchem ist nicht mehr vorhanden. Kinder, warum soll man Kinder haben? Die Frau soll ihre Lebenserfüllung haben, der Mann soll seine Lebenserfüllung haben. Dann spricht man davon, daß die Kinder immer früher in den Kindergarten gehen sollen, sogar schon zweijährige Kinder. Das Leben wird jetzt immer auf Kosten derer ausgetragen, die sich nicht wehren können – der Kinder. Kinder werden massenweise abgetrieben. Jeder soll Selbstverwirklichung finden dürfen; den Kindern gestehen wir dieses Recht nicht zu. Das ist von vornherein ein schlechter Anfang. In dem Moment, in dem kein Lebenswille mehr in einem Volk ist, ist dieses Volk gefährdet. Ich finde es ein wunderbares Zeichen, daß in Israel nach der Tötung von sechs Millionen Juden die chassidischen Frauen ein Kind nach dem anderen bekommen. In Israel sind die Frauen ständig schwanger, nachdem es lebensgefährlich war, überhaupt ein jüdisches Kind auf die Welt zu bringen. Aber bei uns sehen wir heute eher die Gefahr, daß viele Leute gar nicht mehr heiraten, daß Kinder im Mutterleib getötet werden und daß der Trend zur Großfamilie ausstirbt.

Wir müssen die Erde erhalten – der Herr wird sie natürlich erhalten –, aber wir müssen auch dazu beitragen, denn das Tausendjährige Reich wird auf dieser Erde sein. Es wird ein Gericht geben, wenn Jesus wiederkommt. Aber die Erde wird dies überstehen und die Tiere werden mit überleben. Man geht zurück zum Anfang. Wie oft vollzieht sich das bei uns im Leben, wie oft kommt es in der Bibel vor, daß man zu einem Anfang zurückkehrt? Ich denke nur an diese schreckliche babylonische Knechtschaft. Das hätte für jedes Volk das Ende bedeutet, außer für Gottes Volk. Israel hatte alles verloren; die Männer wurden ins Exil gebracht oder getötet, die Frauen vergewaltigt und umgebracht, die Kinder wurden an die Wand geschmissen, es war fürchterlich. – Und dann hingeschleppt nach Babel.

Darauf sagten manche, daß der babylonische Gott wohl der stärkere Gott sei, denn er hatte gesiegt. Aber schon Jahrzehnte zuvor waren Propheten aufgestanden und hatten vorhergesagt, daß ein Gericht vom Gott Israels über Israel kommen würde. Aber Israel mußte zum Anfang, zu einer ähnlichen Knechtschaft wie in Ägypten zurück – und Israel hat überlebt, weil es Gottes Volk ist. So werden auch wir überleben, weil wir zum Neuen Bund gehören.

Hier in unserem Text ist die Schöpfung wieder an ihrem Ausgangspunkt. Das wird auch durch die Sprache angezeigt: »Seid fruchtbar und mehret euch und füllet die Erde.« Die Erde ist leer, und die Erde wartet auf euch, auf die Tiere und alles, was lebt und sich regt.

»Furcht und Schrecken vor euch sei über allen Tieren auf Erden und über allen Vögeln unter dem Himmel, über allem, was auf dem Erdboden wimmelt, und über allen Fischen im Meer; in eure Hände seien sie gegeben.« Ich bin kein Kenner der Biologie, aber man sagt wohl, daß Tiere einen gewissen Respekt vor Menschen haben, daß im allgemeinen Tiere Menschen nicht angreifen (nur wenn sie selbst gefährdet sind, wenn sie selbst angegriffen werden). Ist es nicht auch ein endzeitliches Zeichen, daß wir ganze Tiergattungen durch die Industrialisierung unserer Gesellschaft zugrunde gerichtet haben? Der Friede zwischen Mensch und Tier ist von uns gestört worden. Dieser Friede ist in den Geburtswehen, dem Ende der Tage, bevor Jesus wiederkommen wird, den endgültigen Frieden zu bringen zwischen Menschen und Tieren, sehr gefährdet.

Alle Tiere sind in unsere Hände gegeben. Aber wie sollen wir mit ihnen umgehen? Eine Antwort darauf erhalten wir im Schöpfungsbericht. Wir sollen ihnen Namen geben, sie also in ihrem Wesen beherrschen, dies aber in Gerechtigkeit und Liebe. Viele Menschen zeigen jedoch eine gewisse Verachtung für Tiere. Ich habe keine Verachtung für Tiere. Ich sehe eine direkte Beziehung zwischen Tieren und Gottes Schöpferhand. Auch Tiere sind ein Zeichen von Gottes Schöpferhand. Wer Tiere verachtet, verachtet letztendlich auch ihren Schöpfer. Das ist ungefähr das gleiche, wer Juden verachtet, verachtet den Judenkönig. Ich bin jemand, der sehr gerne in den Tierpark geht, genauso gern wie ich in eine

Kunstgalerie gehe. Ein Tierpark ist für mich Gottes Kunstgalerie. Es sind eben lebhaftere Bilder.

»Alles, was sich regt und lebt, das sei eure Speise...« bedeutet also, daß wir alles essen dürfen. Es gibt christliche Sektierer am Ende der Tage, die das jüdische kultische Gesetz halten wollen, indem sie kein Schweinefleisch und keine Blutwurst essen (als ob nicht in jeder Wurst Blut wäre, nur wenn koscher geschlachtet wird, wird zuerst das Blut auslaufen gelassen). Es steht deutlich in Paulus' Briefen, daß wir alles essen dürfen. So steht es hier auch nach der Sintflut. Aber das ist nicht die Zielsetzung; diese ist das Tausendjährige Friedensreich, in dem wir in Frieden mit den Tieren leben wie in den Zeiten des Paradieses. Das hier ist nur eine vorläufige Entscheidung. Denn Gott hatte gesagt, daß das Dichten und Trachten des Herzens der Menschen von Jugend an böse sei – auch in dieser neuen Welt. Dies zeigt sich sehr schnell an der Sünde von Noahs Kindern. So ist es auch in unserer Zeit. Wir sind verloren in uns selbst (Röm 7), aber gerettet in Christus (Röm 8). Wir leben in einer verdorbenen Welt, die nur durch Gottes Segen, durch Christi Blut erhalten wird. Und in dieser Welt sind alle Speisen für uns erlaubt, ohne daß es deshalb Feindschaft zwischen uns und den Tieren gibt. Aber wenn wir anfangen, wahllos Tiere zu jagen, umzubringen und auszurotten, dann ist diese Harmonie zerstört, und das ist gegen Gottes Willen.

»Allein esset das Fleisch nicht mit seinem Blut, in dem sein Leben ist!« Dies ist ein äußerst wichtiges, gesamtbiblisches Thema. Das Leben ist im Blut, und das Leben gehört Gott. Schon hier gibt es also eine Vordeutung des alttestamentlichen kultischen Gesetzes, bei dem jede Schlachtung mit der Durchtrennung der Halsschlagader begann, damit das ganze Blut auslaufen konnte. *Jedes* Opfer beginnt damit.

Auch im Neuen Testament ist vom Blut die Rede. Bei der Kompromißlösung beim Apostelkonzil meinte Paulus, daß die Heidenchristen das Gesetz und die Beschneidung nicht einzuhalten bräuchten. Die pharisäischen Judenchristen hielten dies aber für unbedingt notwendig. Der sehr fromme Jakobus machte einen Kompromißvorschlag: Keine Unzucht, keine Kaiser- und Götzenanbetung, kein Erwürgen von Tieren und kein Blutgenuß. Zwei dieser Punkte haben wir beibehalten: Keine Unzucht und keine Anbetung von Götzen. (Wenn man allerdings an das unbedingte Vertrauen denkt, welches manche Staatsführer genießen bzw. genossen haben, dann ist man von der Götzenanbetung nicht mehr weit entfernt.)

Eine Gemeinde von lutherischen Christen in New York hat diese Gesetze bezüglich des Blutes wieder eingeführt, weil es im Neuen Testament steht. Biblisch gesehen ist dies jedoch nicht haltbar, denn nach dem Abendmahl sollten diese Gesetze nicht mehr erneut eingeführt werden.

Beim Abendmahl sagte Jesus: Nehmet und trinket, das ist mein Blut des Neuen Bundes. Dieses Blut steht anstelle von allen Tieropfern. Jedesmal wenn wir Abendmahl feiern, nehmen wir also gewissermaßen das Blut eines Menschen zu uns (was ein noch viel größerer Greuel für einen Juden ist, als das Blut von einem Tier). Die Lösung aus der Apostelgeschichte war deshalb nicht falsch, sondern eine Zwischenlösung, die richtige Lösung für diese Zeit, als die Erkenntnis in der letzten Tiefe noch nicht durchgedrungen war. Aber mit der Zeit hörte man auf, dieses Gesetz zu halten. Paulus sagte, wir könnten Vegetarier sein aus Schwachheit, oder das jüdische Gesetz aus Schwachheit halten. Gänzlich falsch wäre es jedoch, diese Gesetze nur aus dem Streben heraus, absolut fromm zu sein, zu befolgen.

Unsere Art, mit der Bibel umzugehen, ist es, die gesamte Bibel zu sehen. Sektiererisches Denken geht immer von einzelnen Versen aus, Verse, die außerhalb des gesamtbiblischen Rahmens stehen. Wer hat uns das gelehrt, daß die ganze Bibel sich selbst auslegt? Luther und Bengel. Das ist es, was auch wir versuchen sollten. Jede der vielen Sekten nimmt nur einen bestimmten Ausschnitt der Bibel. Die richtige Auslegung ist eine gesamtbiblische Auslegung, die in der Tiefe klarmacht, was jeder Spruch bedeutet. Man muß das Ganze sehen. Manchmal haben wir Schwierigkeiten, das Ganze zu sehen. In unserem Text ist das übergreifende Element der Bezug zum Abendmahl und das, was der Hebräerbrief darüber sagt.

»Auch will ich euer eigen Blut, das ist das Leben eines jeden unter euch, rächen und will es von allen Tieren fordern und will des Menschen Leben fordern von einem jeden Menschen. Wer Menschenblut vergießt, dessen Blut soll auch durch Menschen vergossen werden; denn Gott hat den Menschen zu seinem Bilde gemacht.« Hier ist noch einmal ein Rückbezug zum Anfang der Welt. Zuerst ein Rückbezug auf die Schöpfung (»Seid fruchtbar und mehret euch«), dann auf den Brudermord von Kain (das Blut schreit zum Himmel). Ein Rückblick nochmals auf die Auswirkung des Sündenfalls.

Es geht hier um die interessante Frage der Gerechtigkeit, der Sühne des Lebens. Blutrache bzw. der Grundsatz »Auge für Auge, Zahn um Zahn« war in der Zeit des Alten Testaments die übliche Strafbemessung. Allerdings wurde die direkte Bestrafung bald durch die Bezahlung eines entsprechenden »Sühnegeldes« abgelöst. Jesus brachte dagegen einen neuen Grundsatz: Wenn dich jemand auf eine Wange schlägt, so halte ihm auch die andere hin. Das hat Jesus getan, aber wir können dies nicht immer aus uns heraus tun. Aber wenn wir die Macht und die Kraft durch Christus bekommen, dann kann es ein großes Zeugnis für Jesus sein. Wir sehen die Beispiele in den Straflagern in Rußland, wenn Christen geschlagen, mißhandelt und gefoltert werden. Trotzdem beten diese für ihre Peiniger und erzählen jenen von der unendlichen Liebe Gottes. Dies kann für den Peiniger einen ersten Schritt zu Gott bedeuten.

Als ich kurze Zeit in Deutschland war, wurde ich auf der Autobahn von einem Polizisten auf die Seite gewunken. Er machte mich darauf aufmerksam, daß meine Lichter nicht in Ordnung seien. Getreu den Ermahnungen meines Vaters, zu einem Polizisten immer freundlich zu sein, bedankte ich mich höflich und war auch gleich bereit, das Bußgeld zu bezahlen. Der Polizist konnte aus meinem Verhalten nicht schlau werden. Wer ist schon zufrieden, wenn er ein Bußgeld bezahlen soll? Entwaffnend meinte er zum Schluß: »Jetzt weiß ich, warum Sie so zufrieden sind. Sie sind Amerikaner, bei einem Deutschen würde das gleiche Vergehen fast das Doppelte kosten!«

Wie ist das, wenn man dem freundlich begegnet, der wirklich gegen uns ist? Manchmal kann es hilfreich sein, manchmal aber auch nicht. Es gibt Menschen, denen ich jahrelang in Liebe zu begegnen versuchte, die ihre Auffassung von mir aber trotzdem nicht geändert haben. Aber es gibt auch immer wieder andere, die ihre negative Einstellung zu uns dann ändern. Tatsache ist, daß wenn ich mit Haß und Ärger reagiere, sich alles verschlimmert. Deswegen zeigte Jesus uns, wie er selbst reagiert. Wenn wir mit Haß reagieren, herrscht Satan über uns. Wenn wir dagegen mit Liebe reagieren, herrscht Jesus über uns. Das sollten wir uns immer wieder bewußt machen. Diejenigen, die mit Haß gegen das Böse kämpfen, sind selbst im Machtbereich des Bösen. Jesus allein hat Macht über das Böse.

»Wer Menschenblut vergießt, dessen Blut soll auch durch Menschen vergossen werden; denn Gott hat den Menschen zu seinem Bilde gemacht.« Er *hat* sie zu seinem Bilde gemacht, das bedeutet, er hat auch vor, das wiederherzustellen. Aber mit dem Sündenfall ist dieses Bildgleichnis zerstört (aber nicht für ewig zerstört, sondern das ist der Prozeß der Wiederherstellung, die durch Christus vollendet wird).

»Seid fruchtbar und mehret euch und reget euch auf Erden, daß euer viel darauf werden.« Das ist eine Wiederholung (Unterstreichung).

»Und Gott sagte zu Noah und seinen Söhnen mit ihm: Siehe, ich richte mit euch einen Bund auf und mit euren Nachkommen und mit allem lebendigen Getier bei euch...« Ein Bund mit den Tieren, mit meinem Dackel, mit der Kuh?! Ja, Gott macht auch einen Bund mit den Tieren. So ernst nimmt Gott die Tiere, daß er einen Bund mit ihnen macht.

»... mit allem lebendigen Getier bei euch, an Vögeln, an Vieh und an allen Tieren des Feldes bei euch, von allem, was aus der Arche gegangen ist, was für Tiere es sind auf Erden.« Gott liebt die Tiere, er hat sie geschaffen, und die Tiere leben in Angst (Röm 8), bis Jesus wiederkommt.

»Und ich richte meinen Bund so mit euch auf, daß hinfort nicht mehr alles Fleisch verderbt werden soll durch die Wasser der Sintflut und hinfort keine Sintflut mehr kommen soll, die die Erde verderbe.« Der Bund geht immer von Gott aus, und er gibt auch ein Zeichen des Bundes. Der Mensch kann den Bund nicht immer halten. Dies bedeutet aber nicht, daß Gott dann treulos wäre. Der Bund ist kein demokratischer Kompromiß. Gott hat nicht zu Mose gesagt: Nimm fünf Gebote, wenn du willst, die anderen behalte ich, und wir schließen einen Kompromiß. Nein: Dies sind die Gebote, nimm alle! Das ist mein Gesetz für euch, das ist meine ewige Ordnung mit euch, das ist meine Gerechtigkeit, die Wegweisung zum Leben und zum ewigen Leben.

Hat Jesus es uns beim Abendmahl freigestellt, es zu feiern oder auch nicht? Nein, er sagte: Nehmet und esset, das ist mein Leib; nehmet und trinket, das ist mein Blut des Neuen Bundes. Gott stiftet den Bund. Und weil Gott den Bund stiftet, sorgt er für den Bund. Jeder Bund ist ewig. Der Bund mit Noah, der Bund mit Israel, der Bund mit uns Christen. Zu behaupten, daß Gott Israel aufgegeben hätte, ist falsch, denn es geht durch das ganze Alte Testament, daß dieser Bund ein ewiger Bund ist. Er ist Gottes Werk, ein Zeichen seiner Treue. Wenn Gott Israel aufgegeben hätte, hätte er auch uns längst aufgegeben. Unsere Sünde an Jesus ist noch tiefer als Israels Sünde, denn Israel hat eine Binde vor den Augen gehabt, wir dagegen nicht.

Aber was für eine Verflachung im Glauben haben wir hier bei uns, was für eine Zersplitterung unter den Glaubensgemeinschaften, was für einen Haß gegen Israel durch zwei Jahrtausende, gegen Gottes erwähltes Volk. Es ist so viel, was wir gegen Christus taten, auch in seinem Namen. Deshalb können wir eigentlich nur dankbar sein, daß Gott Israel nicht aufgegeben hat. Wenn Gott Israel aufgegeben hätte, hätte er uns schon längst aufgeben müssen. Gott stiftete einen Bund und keinen demokratischen Kompromiß. Aber Gott bürgt auch für diesen Bund und erhält diesen Bund ewig.

»… und hinfort keine Sintflut mehr kommen soll, die die Erde verderbe.« Es wird keine Sintflut mehr geben, die die ganze Zivilisation wie damals verderben, ausrotten wird. Wasser als Zeichen des Gerichts kommt später jedoch wieder vor. Wasser hat immer eine dreifache Bedeutung in der Bibel: Leben, Tod und Reinheit. Beim Auszug aus Ägypten (am Schilfmeer) geht das Volk Israel durch das Wasser (d.h. es wird gereinigt, denn am dritten Tag sollte geopfert werden). Die Heiden, die Ägypter werden ins Meer, ins Gericht geworfen. Israel ist zu neuem Leben in dem Herrn gereinigt. Hier bedeutete das Wasser Leben und Reinigung für Noah und seine Arche. Ein so allumfassendes Gericht hat es seither nicht mehr gegeben. Es geschehen immer wieder große Überschwemmungen, aber es ist keine weltumfassende Sache, wie es bei Noah der Fall war.

»Und Gott sprach: Das ist das Zeichen des Bundes…« Warum merken wir nicht, daß das Wort »Zeichen« ständig durch die ganze Bibel geht, zum Beispiel die Zeichenhandlungen der Propheten oder Jesu Zeichenhandlungen? Warum denken wir immer wieder, daß das Wort von dem Bild zu trennen ist? Das ist ein absolut falsches Verständnis reformatorischer Theologie, Wort und Bild zu trennen, denn die Bibel redet durch eine Bildersprache. Bild und Wort sind eine Einheit, und wir sollten lernen, dies zu erkennen. Wer Augen hat zu sehen, der sehe – und wer Ohren hat zu hören, der höre! Und Johannes redet ständig so: Das ist das erste Zeichen, die Hochzeit zu Kana. Und das läuft durch die ganze Bibel. Das bedeutet, was Gott tut, ist auch sichtbar, weil Leib, Geist und Seele eine unzertrennliche Einheit sind. Zeichen sind Symbole des Unsichtbaren wie zum Beispiel das »Zeichen des Bundes«.

Es gibt immer wieder physisch spürbare, erlebbare Zeichen. Beim Abendmahl geht das bis ins Leibliche hinein. Was taten schon die Israeliten, als sie Gott am Sinai begegneten? Der letzte Satz heißt: »Und sie aßen.« Alles wird bis in den Leib hinein verwirklicht. Deshalb besudelt ein Jude, wenn er Schweinefleisch oder unkoscheres Fleisch ißt, nicht nur seinen Leib (das wäre einfach, wenn das nur seinen Leib besudeln würde), sondern auch seinen Geist und seine Seele. Es geschieht eine vollständige, umfassende Besudelung der ganzen Person, denn biblisch gesehen, sind Leib, Geist und Seele eine Einheit.

»Das ist das Zeichen des Bundes, den ich geschlossen habe zwischen mir und euch und allem lebendigen Getier (immer wieder auch die Tiere) bei euch auf ewig. Meinen Bogen habe ich in die Wolken gesetzt...« Warum solch ein Zeichen? Wo kommt der Regenbogen nochmals in der Bibel vor? Bei Jesus Sirach, ein Apokryphenbuch (in der katholischen Bibel, die Hieronymus übersetzt hat, gehört es zum Grundbestand, bei uns ist es ein Buch der Apokryphen), bei Hesekiel (1,28) in bezug auf Gottes Herrlichkeit und Herrschaft, zweimal in der Offenbarung (vor allem in 4,3, wo ein Regenbogen um den Thron steht und daneben sitzen 24 Älteste, je 12 für den Alten und 12 für den Neuen Bund, als Zeichen der Einheit des Bundes). Der Regenbogen ist somit ein Zeichen des Bundes und der Herrlichkeit Gottes.

Warum Regenbogen? Warum gerade so ein Bild? Wir müssen erkennen, was hinter diesem Bild steckt. Wie die segnende Auswirkung der ausgestreckten Hände Jesu symbolisiert auch der Regenbogen einen umfassenden, die Himmel umfassenden, umhüllenden Schutz. Der Bogen als Zeichen des Segens, Zeichen des Bundes und Schutzes umfaßt das Ganze, alles, was da ist. Möglicherweise entspringt der jüdische Brauch, im Tor Recht zu sprechen, aus diesem Symbol. Die Form der Tore entsprachen in etwa der Form des Regenbogens.

Ich sehe aber noch eine andere Thematik in diesem Bild. Jesus sagte uns, daß wir das Licht der Welt sein sollen. Aus uns selbst sind wir wie der Mond – kalt und ohne Leuchtkraft, nur fähig, von außen zugeführtes Licht zu reflektieren. Die Sintflut, der viele Regen ist mit der Dunkelheit vergleichbar, doch dann sendet Gott wieder Licht, farbenprächtige Lichtbrechungen. Gott erhellt die Dunkelheit in uns, wie der Mond mit dem Abglanz des Sonnenlichtes erhellt wird. Gott hält uns, er läßt kein unbändiges, unbegrenztes Übel zu. Warum besteht die Welt immer noch? Wenn so viel Übel in dieser Welt ist, wenn so viele Menschen da sind, die versuchen, maßlos umzubringen, warum besteht dann diese Welt immer noch? Weil sie unter Gottes Schutz ist.

Ein anderes Zeichen seines Schutzes sind die Schafe. Auch ein Bild, das durch die ganze Bibel geht. Schafe können sich kaum wehren, aber sie haben bis heute überlebt. Das ist das Zeichen für seine Gemeinde. Er ist der Hirte, und wir sind seine Schafe. Gott erhält diese Welt, trotz dem bösen Dichten und Trachten des menschlichen Herzens; als Zeichen dafür gab er den Regenbogen und später das Bild der Schafe. Dahinter steckt die Erhaltungskraft des Schöpfers, der auch zu uns steht.

»Meinen Bogen habe ich in die Wolken gesetzt; der soll das Zeichen sein des Bundes zwischen mir und der Erde.« Hier geht es noch einen Schritt weiter. Zuerst spricht Gott von Menschen, dann von Menschen und Tieren und jetzt von der ganzen Erde. Die Erde ist ein lebendiger Teil seiner Schöpfung; ein Teil, der erhalten werden soll – bis hin zum kriechenden Gewürm (nicht nur wegen seiner Niedrigkeit). Alles gehört dem Herrn. Es gehört nicht der Naturwissenschaft oder dem Glauben an Naturgesetze – was für eine Ideologie ist das! Die primitiven Menschen glaubten, daß Sonne und Mond Götter wären. Aufgeklärte, sogenannte vernünftige Menschen glauben heute oft, daß Naturgesetze eine Art Gott seien. Woher kommen Naturgesetze? Woher kommt Ordnung? Ordnung kann sich nicht selbst schaffen. Viele der klügsten Naturwissenschaftler waren und sind gläubig.

»Und wenn es kommt, daß *ich Wetterwolken über die Erde führe,* so soll man meinen Bogen sehen in den Wolken.« In der Dunkelheit ist das Licht. »Da ward aus Abend und Morgen der erste Tag.« Aus der Dunkelheit kommt Licht; aus dem Zeichen des Untergangs, den Wolken, dem Regen der Sintflut ist Gottes Antwort das Licht und der Regenbogen.

»Alsdann will ich gedenken an meinen Bund zwischen mir und euch und allem lebendigen Getier unter allem Fleisch, daß hinfort keine Sintflut mehr komme, die alles Fleisch verderbe. Darum soll mein Bogen in den Wolken sein, daß ich ihn ansehe und gedenke an den ewigen Bund zwischen Gott und allem lebendigen Getier unter allem Fleisch, das auf Erden ist.« Hier ist der klarste Beweis, daß ein Bund kein Kompromiß ist. Könnten Tiere einen Bund mit Gott schließen? Das macht diese Vorstellung eines demokratischen Kompromisses als Bund lächerlich. Gott schuf den Bund. Gott ist der Schöpfer; er ist der Erlöser, er ist der Handelnde. Im 23. Psalm steht zum Beispiel »um *deines* Namens willen«, nicht um meinetwillen zuerst, sondern um seines Wesens willen führt Gott uns. Denn wer Gott groß macht und sich selbst erniedrigt, der wird groß, aufgehoben von dem Herrn. Das ist das Geheimnis unseres Glaubens. Wer an die Vernunft glaubt, an das Menschsein, das Menschliche in den Mittelpunkt stellt, der Menschen groß macht (wie in der Renaissance und Aufklärung), der wird vom Herrn erniedrigt werden.

»Und Gott sagte zu Noah: Das sei das Zeichen des Bundes, den ich aufgerichtet habe zwischen mir und allem Fleisch auf Erden.« Merkt Ihr, ein Abschnitt endet mit der Wiederholung »Seid fruchtbar und mehret euch und reget euch auf Erden, daß euer viel darauf werden«, eine Wiederholung des Zentralen, die Erde steht für euch bereit. Auch dieser zweite Abschnitt endet mit einer Wiederholung: den abermaligen Verweis auf das Zeichen des Bundes, des Schutzes und der Erhaltung. Deswegen können die Menschen sich wieder vermehren, weil Gott unter ihnen ist, und sie erhält – die ganze Erde mit all den Tieren und Menschen, denn er ist der Herr.

Noahs Söhne

Die Söhne Noahs, die aus der Arche gingen, sind diese: Sem, Ham und Jafet. Ham aber ist der Vater Kanaans. Das sind die drei Söhne Noahs; von ihnen kommen her alle Menschen auf Erden. Noah aber, der Ackermann, pflanzte als erster einen Weinberg. Und da er von dem Wein trank, ward er trunken und lag im Zelt aufgedeckt. Als nun Ham, Kanaans Vater, seines Vaters Blöße sah, sagte er's seinen beiden Brüdern draußen. Da nahmen Sem und Jafet ein Kleid und legten es auf ihrer beider Schultern und gingen rückwärts hinzu und deckten ihres Vaters Blöße zu; und ihr Angesicht war abgewandt, damit sie ihres Vaters Blöße nicht sähen. Als nun Noah erwachte von seinem Rausch und erfuhr, was ihm sein jüngster Sohn angetan hatte, sprach er: Verflucht sei Kanaan und sei seinen Brüdern ein Knecht aller Knechte! Und sprach weiter: Gelobt sei der Herr, der Gott Sems, und Kanaan sei sein Knecht! Gott breite Jafet aus und lasse ihn wohnen in den Zelten Sems, und Kanaan sei sein Knecht!

Noah aber lebte nach der Sintflut dreihundertundfünfzig Jahre, daß sein ganzes Alter ward neunhundertundfünfzig Jahre, und starb.

1. Mose 9, 18-29

Es gibt kein zentrales Geschehen in der Bibel, man kann suchen wie man will, wo nicht Fluch und Segen vorhanden sind. Es gibt niemals nur Fluch, und es gibt niemals nur Segen. Sogar beim Sündenfall, wo alles verflucht zu sein scheint, wird gesagt, daß einer kommen wird, um der Schlange den Kopf zu zertreten. So ist es mit allen zentralen Ereignissen, zum Beispiel das Erlebnis Israels am Schilfmeer: Segen für Israel, Fluch für Ägypten, für die Welt. Was ist dann Jesu Kreuz? Es ist auch Fluch, er trug den Fluch des unerfüllbaren Gesetzes nach der Bergpredigt (und »... ein Aufgehängter ist verflucht bei Gott«, 5. Mose 21,23), damit wir diesen Segen (wenn wir unter seinen segnenden Händen stehen, unter seinem Kreuz) erhalten. Wenn wir aber nicht unter diesem Segen sind, dann sind wir im Fluch. Das ist eine untrennbare Einheit. Wer nur Segen predigt, kann seine Gemeinde unter den

Fluch bringen, weil er Gottes Gerechtigkeit nicht zeigt. Wer nur Fluch predigt, weiß nichts von der Liebe und Barmherzigkeit Gottes. Es gibt kein zentrales Ereignis in der Bibel, wo nicht beides vorhanden ist. Gottes Liebe und Gottes Gerechtigkeit sind eine untrennbare Einheit, Gottes Zorn und Gottes Gnade, wie Luther uns sagt. Jede Predigt, die eine biblische Predigt ist, muß deshalb beides enthalten. Auch bei der Sintflut war beides enthalten: Segen für Noah und seine Familie, Fluch über die Welt. Es gibt immer nur ein Entweder-Oder. Deswegen muß jede Predigt eine deutliche Aussage haben (wie in der Bibel), es gibt nur zwei Wege. Auch Jesus sagte, es gäbe nur den schmalen und den breiten Weg, den Segen und den Fluch. Der Weg des Segens ist immer der schmale Weg. Das ist bei der Sintflut, dem Schilfmeer und bei der Nachfolge Jesu zu erkennen.

Ein weiteres Thema, das hier angesprochen wird, sind Verwandtschaftsbeziehungen (1. Mose 10). Interessant ist hier die ungeheuer deutliche und zentrale Vordeutung des Kampfes zwischen Israel oder Isaak und Ismael in Sem und Ham. Denn wer ist Ham? Ham ist der Vater Kanaans, damit ist Ham der Vertreter der arabischen Welt. Er ist der Vertreter der PLO, der Vertreter ihrer versprochenen Macht. Kusch weist auf die Äthiopier hin. Aber Kusch ist auch eine endzeitliche Erscheinung; die Kuschiten sind laut Hesekiel (38;39) einer der Mitverbündeten des Antichristen. Wiederholt werden Kanaan und die Philister die Hauptfeinde Israels im Alten Testament genannt. Sidon ist der Ort, woher Isebel stammte, das böseste Weibsbild in der Bibel (Luthers Sprache), die diesen endzeitlichen Götzen, Baal, nach Israel brachte. In Sidon war auch das Zentrum der Macht der Palästinenser. Gaza (der Gazastreifen) ist eine der fünf Philisterstädte.

Aber das Zentrum kreist um die Feinde Israels. Kanaan, Philister, Sidon und die Kuschiten, die Mitverbündeten des Antichristen. Was für eine besondere Verheißung haben sie? Stärke. Nimrod, der erste wirklich Starke, Gewaltige. »Der war der erste, der Macht gewann auf Erden.« Was ist die besondere Verheißung an Ismael? Macht und Stärke, aber nicht der Segen Gottes. Heute sehen wir diesen Machtkampf zwischen der großen arabischen (islamischen) Welt und dem kleinen Israel, auf dem Gottes Segen liegt.

Interessant ist natürlich auch die Linie Sems, von dem Abraham abstammt. Jafet bezieht sich zugleich auf die Inseln, von denen Jesaja redete (das ist der berühmte Text für die Missionare, damit das Heil bis zu den Inseln gehen wird). Jafet hat eine doppelte Aussage, denn durch Jafet wird das Heil zu den Inseln, zu den Heiden, gehen. Aber auch der Antichrist kommt aus Jafet, Tubal. Doch: »Von diesen haben sich ausgebreitet die Bewohner der Inseln der Heiden. Das sind die Söhne Jafets nach ihren Ländern, ihren Sprachen, Geschlechtern und Völkern«. Doch die Philister haben keine Zukunft. Es könnte wohl sein (ich weiß nicht, was Gott vorhat), daß sie einen Staat bekommen, aber dieser Staat würde dann im Krieg vernichtet werden. Ich sehe keine Verheißung und keine zentrale Rolle der Philister, der PLO, Kanaan, Ham, in Gottes zukünftigem Heilsplan.

»Die Söhne Noahs, die aus der Arche gingen, sind diese: Sem, Ham und Jafet. Ham aber ist der Vater Kanaans. (Sofort weiß man, mit wem man es zu tun hat.) Das sind die drei Söhne Noahs; von ihnen kommen her alle Menschen auf Erden. Noah aber, der Ackermann… Das hier ist sehr bedeutungsvoll, denn fast alle zentralen, positiven Gestalten in der Bibel sind Hirten, keine Ackermänner. Der erste Ackermann war Kain.

»… pflanzte als erster einen Weinberg.« Der Weinberg ist ein zentrales Bild der ganzen Bibel (z.B. Jes 5: Das Lied über den Weinberg). Der Weinberg bezeichnet das, was Gott gehört, was Gott pflegt. Weinberg bedeutet im Alten Testament Israel, denn Israel ist Gottes Weinberg. Aber es gibt auch diese verhängnisvolle Aussage Jesu, daß im Weinberg nicht genug getan wurde, daß er nicht richtig gepflegt wurde. Deshalb werden sie aus diesem Weinberg vertrieben; andere werden kommen, diesen Weinberg zu übernehmen. Das ist die Vordeutung der Zerstreuung Israels. Der Neue Bund wird dann diesen Weinberg in der Mission bis an der Welt Ende pflegen. Aber (wie es auch in Lk 21 steht) der Heiden Zeit wird zu Ende gehen. Das sehen wir auch deutlich. Israel, der Feigenbaum, fängt immer mehr zu blühen an (im Glaubenssinn zuerst in bezug auf den Gott Israels, nicht direkt zu Jesus). Erst geschieht eine Rückbesinnung auf den Gott Israels, dann wird Jesus kommen, und sie werden ihn annehmen, den sie durchbohrt haben, und werden ihre ganze Geschichte in Jesus Christus sehen, ihre ganze Leidensgeschichte. Der Weinberg ist etwas, das Gott gehört, es ist Land und Volk Israel zugleich.

Hier in unserem Text spielt vor allem der Wein eine Rolle. Er steht in der Bibel zunächst für Freude. Wein erfreut des Menschen Herz. Aber Wein, und wir sehen das hier bei Noah, kann auch sehr leicht mißbraucht werden. Alles, was Freude bringt, kann auch leidbringend sein – eine umkehrende Bedeutung. Diese Art von Umkehrung sehen wir auch in der Zahl 10, denn sie bedeutet die 10 Gerechten, aber auch 10 Ungerechte (z.B. die 10, die das verheißene Land nicht übernehmen wollten) oder die 10 verlorenen Stämme, die abgefallen sind. Die 10 Gebote, die dann zu Stein geworden sind, weil Israel sie nur als Lippenbekenntnis angenommen hat. So kann Wein die Umkehrung von Freude bringen, er kann zu Leiden führen. Wir sehen das hier bei Noah.

Auch im Neuen Testament spielt Wein eine sehr zentrale Rolle. Bei der Hochzeit zu Kana sind 6 leere Krüge (6 Tage der Schöpfung, das Schalom Gottes, der 7. Tag, die Vollendung, Gottes Ruhe und Gottes Am-Ziel-Sein, Jesus Christus ist vorhanden). Maria kommt und sagt:»Tu etwas.« Aber Jesus sagt:»Meine Stunde ist noch nicht gekommen.« Das bedeutet, daß seine Handlung eine Vordeutung ist, die dann später erfüllt wird. Seine Aufforderung, die Krüge mit Wasser zu füllen, steht für Reinheit. Doch Jesus verwandelte dieses Wasser in Wein (»Nehmet und trinket, das ist mein Blut des Neuen Bundes«). Das ist eine Vordeutung auf die endgültige Hochzeit, die wir als seine Gemeinde (und auch Israel) in seinem Reich feiern werden; dann würdig durch seine Reinheit, welche in seinem Kreuzesblut ist, zeichenhaft durch diesen Wein. Abendmahl steht somit für Reinheit in seinem Reich. Die Hochzeit zu Kana ist nur eine Vordeutung darauf.

Wie der Wein von Freude zu Leid führt, so führt umgekehrt Jesu Kreuzesblut vom Leiden zur Freude.

Aber noch etwas anderes geschieht hier: Die Wiederholung der Erbsünde. Was passiert mit Noah? Noah, der mit Gott als der Gerechte wandelt, wird entblößt. Auch Adam und Eva erkannten, daß sie nackt, entblößt waren. Das bedeutet, die neue Welt, die dieser gerechte Mann gründete, kehrt zurück zur Erbsünde. Das passiert genauso in der neuen Welt der Apostelgeschichte (in der Geldgier von Ananias und Saphira). Steht es doch am Ende der Sintflut, daß das Dichten und Trachten des Menschenherzens immer noch böse ist. Hier wird das sogar durch den gerechten Noah offenbar. Er trinkt zuviel; Trunksucht, nennen wir die Sache beim Namen, er ist betrunken, und er ist nackt. Nackt wie Adam und Eva, das bedeutet, in seiner Schwachheit entblößt. Aber damit zugleich auch hilflos. Wie bei Adam und Eva geht es nicht nur um körperliche Nacktheit, sondern um geistige und seelische Nacktheit. Alles ist nun klar – er, der gerechte Noah, ist ein Sünder, genauso wie Adam und Eva.

So geht es aber noch anderen großen Glaubensmännern. Elia, zum Beispiel, läuft, nachdem er gegen 850 Propheten und Baalspriester gesiegt hat, vor einer Frau weg (wie ein Feigling). Gerade in dem Moment, wo Elias Größe gezeigt wird, wird auch sein absolutes Versagen offenbart. So ging es auch Noah. Er wandelte sogar *mit* Gott (nur Henoch und er wandelten *mit* Gott), und gerade nach der Sintflut, seiner großen Zeit des Gehorsams (wie bei Elia), kommt das große Versagen: ein Ausdruck dessen, was Gott theoretisch sagt, daß das Dichten und Trachten des Menschenherzens immer noch böse ist. Das wird hier am Beispiel des besten Menschen jener Zeit vollzogen. Doch durch das Versagen Noahs, durch das Versagen Elias, durch das Versagen der Jünger im Passionsgeschehen, durch alles das wird uns gezeigt, wie notwendig Jesus Christus für uns ist. Wir sind alle Versager, auch der große Noah. Menschen versagen häufig nach ihren größten Siegen.

Noah hatte einen Weinberg, und dieser sollte gepflegt werden. Das ist neues Land, wie dann Israel neues, heiliges Land wird (und dann das neue Israel). Aber aus der Pflege, die Noah tut, verdirbt er sich mit diesem Wein, besudelt er sich und entblößt seine eigene Erbsünde.

»Noah aber, der Ackermann, pflanzte als erster einen Weinberg. Und da er von dem Wein trank, ward er trunken und lag im Zelt aufgedeckt.« Einfach entblößt, bloßgestellt. Ich denke hier an die Hirten, die dann an der Herde versagt haben (Jer 23, Hes 34, Sach 11). Hier versagt er an seinem eigenen neuen Land, das er pflegt, an seinem Weinberg. Er versagte nicht an der Arche Gottes, an der Gemeinde, aber hier an dem, was er pflegte (wie die Hirten, die die Herde nicht weiden konnten).

»Als nun Ham, Kanaans Vater, seines Vaters Blöße sah, sagte er's ...« Die Wiederholung von Kanaan weist schon hier auf die Philister, wie die Einwohner des Landes zur Zeit Josua und die damit verbundene Erbfeindschaft.

»Als nun Ham, Kanaans Vater, seines Vaters Blöße sah, sagte er's seinen beiden Brüdern draußen.« Mit welchem Hintergedanken hat er es wohl gesagt? Er sagte es sicher nicht aus Mitleid (»Schade, daß Vater zu viel trinkt«), sondern in einer Art von Gehässigkeit (»Ha, schaut mal unseren Vater an, er kann sich nicht benehmen«). Bedeutet das etwa Gehorsam gegen den Vater (»Ehre Vater und Mutter«)? Wir sind aber nicht dazu da, die Blöße unserer Eltern zu offenbaren, sondern sie zu überdecken. Das tun wir aber nur selten. Öfters wollen wir uns selbst durch die Schwäche unserer Eltern profilieren. Noah war seither immer der Gerechte, der Beispielhafte, der Führende. Aber jetzt sagt Ham: »Ha, schau ihn an, den Frommen, wie er wirklich ist, der Gute!«

Diese Art von Reden kennen wir auch gut: »Ha, schaut sie euch an, die frommen Leute in der Kirche« (wenn wir irgend etwas tun, wenn uns etwas nachgesagt wird): Das ist genau die gleiche Art: »Ha, das ist der fromme Noah, der immer das Richtige getan hat; schaut ihn aber jetzt an, er ist betrunken.« In dieser Art geht sein Sohn mit ihm um. Er möchte sich selbst profilieren, indem er sich über den Vater, dem er immer gehorcht hat, lächerlich macht. Das hat er in entscheidenden Momenten getan, aber jetzt nicht mehr. Jetzt ist er glücklich über die Schwäche des Vaters. Es ist menschliche Sünde, daß wir oft glücklich sind, wenn wir von der Schwäche eines anderen hören und deshalb glauben, daß uns das etwas besser macht.

Ich kann mich erinnern, daß ich als Kind häufig Halsweh bekommen habe. Die erste Frage, die ich dem Arzt immer gestellt habe, war: »Bin ich der einzige Kranke, oder gibt es noch viele andere?« Wenn ich hörte, daß noch viele andere krank waren, war ich glücklich. Aber wenn ich gehört hatte, daß ich der einzige war, dann war ich sehr traurig. Das ist Sünde. Aber das steckt zugleich sehr tief in uns. Wir predigen den sündlosen Jesus Christus und seine Heiligkeit, nicht unsere Sündlosigkeit und unsere besondere Frömmigkeit. Wer ständig nur predigt, was wir als Christen tun sollen, der predigt die Gemeinde in das Pharisäertum hinein. Denn dann kommt alles nur auf meine Werke an, und das ist Werkgerechtigkeit. Wer aber die Heiligkeit Christi predigt, wie klein, sündig und begrenzt wir sind, der predigt den Weg der Heiligung. Denn wer um die Größe und die Heiligkeit Christi und wie klein und gering seine eigene Person ist, weiß, öffnet den Weg der Heiligung, die nicht aus meinen Werken kommt, sondern von Christus. Denn meine Frömmigkeit kommt nicht aus mir, sondern ist Antwort auf das, was Christus für mich tut. Wer bei der Predigt die zweite Tafel Moses in den Mittelpunkt stellt, predigt letzten Endes Pharisäertum. Wir müssen immer von der ersten Tafel ausgehen. Eine biblische Predigt verkündigt die Heiligkeit Christi und geht von dort aus zu der zweiten Tafel, aber nur von dort aus. Das bleibt das Zentrum. Denn Heiligung ist nichts, was ich tun kann, sondern was Christus an mir als armem, schwachem und verlorenem Menschen tut. Meine Frömmigkeit ist eine Antwort auf das, was er für mich tut.

Viele Leute wünschen sich ständig eine praktische Predigt. Sie möchten Ratschläge und Tips, wie sie leben sollen. Das ist Pharisäertum. Wir predigen keine guten Ratschläge, wie der Mensch gut sein soll, sondern wie verloren wir sind und wie in Christus das einzige Heil ist. Er kann an uns als der Heilige wirken und uns durch seine Größe und Liebe näher zu sich bringen, weil wir sonst verloren sind. Die erste Tafel ist die Mitte unseres Glaubens. Daraus resultiert dann die zweite.

Doch weiter. Was jetzt folgt, ist eine orientalische Eigenheit. »Als nun Ham, Kanaans Vater, seines Vaters Blöße sah, sagte er's seinen beiden Brüdern draußen. Da nahmen Sem und Jafet *ein Kleid* und legten es auf ihrer beider Schultern und gingen rückwärts hinzu...« (Das klingt fast wie die Ehrfurcht vor einem König.) Sie überdeckten ihn mit einem Kleid. Das ist das Kleid der Gerechtigkeit. Dieses Kleid steht in Beziehung zu den Fellen der Tiere, die Gott für Adam und Eva opferte, um ihre Blöße zu bedecken. Dieses Kleid zur Überdeckung unserer Blöße, unseres Sündenfalls, unseres Verlorenseins kommt immer wieder in der Bibel vor. Nicht durch meine Werke, nicht durch meine Frömmigkeit, nicht durch mein Christsein, sondern durch das, was Jesus für mich getan hat, überdeckt er meine Blöße. Wer tut das hier? Sem, ein Vorfahre Abrahams und damit auch von Jesus Christus. Und Jafet? Jafet steht für die Heiden, an die sich Jesus Christus durch seinen Missionsbefehl hinwendet. Jesus sandte seine Jünger zunächst nicht zu den Heiden, sondern zu den Juden (den verlorenen Schafen des Hauses Israel; Mt 10). Wenn die Heiden jedoch zu ihm kamen, so wies er sie nicht ab (z.B. der Hauptmann von Kapernaum).

Die Hinwendung zu den Heiden geschieht symbolhaft bei der Kreuzigung Jesu. Dort warfen vier Heidenknechte das Los um sein Kleid, das dann in alle vier Himmelsrichtungen zu den Heiden gehen wird, um deren Blöße zu überdecken. Das Kleid der Erwählung ist ein zentrales Motiv der Bibel (Josephs Kleider der Erwählung; das Kleid/der Mantel der Propheten). So sind schon in die Urgeschichte viele Motive der weiteren Heilshandlung Gottes hineingelegt.

»Da nahmen Sem und Jafet ein Kleid und legten es auf ihrer *beider* Schultern...« Dies »beider Schultern« weist auf die beiden Bünde, die gegründet werden: der Bund mit Israel und der mit dem neuen Israel, den Heiden, durch das Kleid der Gerechtigkeit, Jesus Christus. Der König der Juden, um dessen Kleid (Gerechtigkeit) bei seiner Kreuzigung das Los geworfen wurde.

»... und ihr Angesicht war abgewandt, damit sie ihres Vaters Blöße nicht sähen.« Ham, der andere Sohn, der den Weg zum Islam bereitet (zu Nimrod, zu Kanaan, zu den Philistern, zu den Palästinensern) geht diesen Weg nicht. Er sieht gerne den Entblößten. Aber diese beiden anderen nicht; sie wollen die Schwachheit des Vaters nicht sehen, weil sie wissen, daß sie selbst auch nicht besser sind. Er bleibt auch in seiner Schwäche ihr Vater, dem sie gehorchen, denn sie wissen, daß sie genauso fallen können. Wenn wir die Sünde und die Schwäche der anderen sehen, sollten wir dadurch auch unsere Sünde und Schwäche erkennen.

»Als nun Noah erwachte von seinem Rausch und erfuhr, was ihm sein jüngster Sohn angetan hatte, sprach er: Verflucht sei Kanaan und sei seinen Brüdern ein Knecht aller Knechte!« Hier schon wird dieser Widerspruch in den Arabern, der PLO, im Islam angedeutet. Auf einer Seite geknechtet, auf der anderen üben sie große Macht aus. Beides steckt drin: Nimrod, der erste große Machtherrscher, die Verheißung an Ismael (eine Machtverheißung): Auf der anderen Seite aber ein Knecht aller Knechte. Wenn man die Geschichte des Islam kennt, sieht man beide Seiten sehr deutlich, nicht wahr? Es ist jetzt wieder ein Ruf in der islamischen Welt, Israel zu vernichten.

Der Islam hatte ursprünglich eine ungeheure Zeit der Stärke unter Mohammed und seinen Nachfolgern. In kürzester Zeit hat der Islam gut ein Drittel der Welt erobert: Jerusalem, der ganze Nahe Osten bis tief nach Asien, eine Machtausdehnung in der Weltgeschichte mit dieser Geschwindigkeit und dieser Organisation, die man vielleicht nur mit Rom (aber Rom hat viel länger dafür gebraucht) vergleichen kann. Große Machtentfaltung und schneller Verfall gingen und gehen Hand in Hand. Heute erleben wir wieder eine große Gefahr durch die Macht der fanatischen, islamischen Staaten (Ölwaffe).

Auch der islamische Einfluß auf unsere Kultur ist nicht zu leugnen. Manche Wörter, wie Alkohol oder Aprikosen, kommen aus dem arabischen Wortschatz. Auch ein Einfluß auf die Bildhauerei, auf die Poesie, auf die Medizin und Philosophie ist zu erkennen. Auf der einen Seite steht die große Machtentfaltung, doch dann erfolgt eine ungeheure Schwäche (z.B. der Zerfall des türkischen, des Osmanischen Reiches). Jetzt am Ende der Tage vollzieht sich nochmals eine Machtentfaltung, ob anscheinend oder in Wirklichkeit, das ist die Frage. Ist es eine Scheinmacht, oder ist es eine wirkliche Macht? Ich glaube von der Bibel her, daß es eine wirkliche Macht ist. So erscheint auch hier wieder ein Widerspruch, aber das ist typisch biblisch. Wie zum Beispiel das Wasser (Leben, aber zugleich auch Tod), so steht auch Ham bzw. Kanaan für positive und negative Dinge.

»Verflucht sei Kanaan und sei seinen Brüdern ein Knecht aller

Knechte!« Eine Verfluchung wird hier gesprochen, als die anderen Brüder einen Segen bekommen. Der Islam ist jedoch der am schnellsten wachsende Glaube der Welt (in Frankreich soll der Islam die zweitgrößte Religionsgemeinschaft außer dem Katholizismus sein); in England gibt es mehr Menschen, die in die Moschee gehen als Engländer in die anglikanische Kirche). Das ist sehr bedenklich, denn der Islam ist ein fanatischer Glaube. Und Moslems beten einen Götzen an. Der Gott des Islam und der Gott Israels ist nicht der gleiche. Das ist absolute Irrlehre. Denn wie kann der Gott des Islam und der Gott Israels der gleiche sein? Der Haß auf Israel gehört genauso zum Islam wie der Heilige Krieg zum Beispiel gegen Christen. Der Islam hält Jesus für einen minderwertigen Propheten, einen Vorläufer von Mohammed. Wie kann ein Christ dann behaupten, daß es der gleiche Gott sei? Der gleiche Gott wie der Gott Israels, den Jesus angebetet hat und der Jesus selbst gleich ist?

Die Verfluchung gilt dafür, einen Götzen anzubeten, der auf der einen Seite ungeheure Macht besitzt, aber zugleich immer wieder als Nichts entblößt wird (z.B. durch die Propheten im Alten Testament). So wird auch die Macht des Islam zerstört werden, wenn Jesus Christus wiederkommt und Israel von seinen Feinden errettet ist. Ihre anscheinende Macht wird im Nu verschwinden, denn es ist göttlich gesehen nur eine Seifenblase. Der Islam ist ein Götze und hat letzten Endes keine Macht; er bekam nur eine begrenzte Scheinmacht, eine weltliche Macht, aber keine geistliche Macht, die Bestand hätte.

»Verflucht sei Kanaan und sei seinen Brüdern ein Knecht aller Knechte! Und sprach weiter: Gelobt sei der Herr, der Gott Sems, und Kanaan sei sein Knecht!« Das bedeutet, daß es niemals passieren kann, daß die PLO oder die arabische Welt Israel am Ende der Tage endgültig zerstören wird. Das letzte Wort spricht nicht der Gott des Islam, sondern der Gott Israels, und das ist Jesus Christus. Er wird das letzte Wort sprechen, indem er mit Vollmacht zum Ölberg kommt. Glaube wird Berge versetzen – der Ölberg wird gespalten werden (Sach 14). Israel wird getauft werden (»sie werden ihn annehmen, den sie durchbohrt haben«), »der Geist der Gnade und des Gebets wird über ganz Israel ausgegossen werden« (siehe Sach 12,10), und es wird eine schreckliche Schlacht gegen diesen anscheinend mächtigen Herrscher Magog der Sowjetunion und die Verbündeten von den islamischen Ländern geben (Hes 38; 39).

Der Turm zu Babel

Es hatte aber alle Welt einerlei Zunge und Sprache. Als sie nun nach Osten zogen, fanden sie eine Ebene im Lande Schinar und wohnten daselbst. Und sie sprachen untereinander: Wohlauf, laßt uns Ziegel streichen und brennen! – und nahmen Ziegel als Stein und Erdharz als Mörtel und sprachen: Wohlauf, laßt uns eine Stadt und einen Turm bauen, dessen Spitze bis an den Himmel reiche, damit wir uns einen Namen machen; denn wir werden sonst zerstreut in alle Länder. Da fuhr der Herr hernieder, daß er sähe die Stadt und den Turm, die die Menschenkinder bauten. Und der Herr sprach: Siehe, es ist einerlei Volk und einerlei Sprache unter ihnen allen, und dies ist der Anfang ihres Tuns; nun wird ihnen nichts mehr verwehrt werden können von allem, was sie sich vorgenommen haben zu tun. Wohlauf, laßt uns herniederfahren und dort ihre Sprache verwirren, daß keiner des andern Sprache verstehe! So zerstreute sie der Herr von dort in alle Länder, daß sie aufhören mußten, die Stadt zu bauen. Daher heißt ihr Name Babel, weil der Herr daselbst verwirrt hat aller Länder Sprache und sie von dort zerstreut hat in alle Länder.

1. Mose 11, 1-9

Wer die Bibel sehr bewußt liest, mit den sich wiederholenden Bildern, welche auch dieses Wort Gottes im Alten und Neuen Testament zu einer Einheit machen, kann folgendes bemerken: Die Sprache des Turmbaus, die Art von Arbeit und wie sie verrichtet wird, führt in einen ganz anderen Zusammenhang: Zur Arbeit des Volkes Israel in der Sklaverei in Ägypten.

»... laßt uns Ziegel streichen und brennen! – und nahmen Ziegel als Stein und Erdharz als Mörtel...« Sind nicht die Menschen zu Babel auch in einer Art von Gefangenschaft? Gerade in ihrer Überheblichkeit sind sie in Erbsünde gefangen – »... damit wir uns einen Namen machen...« Wir sind die Herren der Namen, wir wollen so groß und mächtig sein wie Gott, deswegen soll die Spitze dieses Turms bis in den Himmel hinaufreichen. »... dies ist der Anfang ihres Tuns.« Ja, hier erfolgt ein Rückblick auf den Sündenfall und eine Vorausschau auf die Gefangenschaft in Ägypten.

Dann: »So zerstreute sie der Herr von dort in alle Länder...« Dies erinnert an Gottes Drohung Israel gegenüber, falls dieses Volk sich nicht an seine Satzungen und Verheißungen halten würde. Israel wird aus der Einheit in seinem Land zerstreut werden; genauso werden hier die Menschen zu Babel zerstreut, aber dazu wird noch ihre Sprache verwirrt, so daß keine geistige Einheit mehr vorhanden sein kann, um ihr »böses Tun« weiter fortzusetzen.

Dieses Thema, Sprache als Einheit und die Verwirrung der Sprache, ist auch ein wichtiges gesamtbiblisches Thema, denn Sprache bedeutet Schöpfung (durch das Wort); Sprache bedeutet auch der Ruf zur Umkehr durch die Propheten zum wahren Leben im wahren Gott; und Jesus Christus ist das Wort, welches Fleisch geworden ist. Zu Pfingsten, mit der Ausrüstung der neuen Gemeinde zur Mission, wird diese Sprachverwirrung überwunden, indem die Jünger in allen Sprachen der Anwesenden predigen können. Das bedeutet, daß in Jesus Christus eine neue Einheit aus den zerstreuten Völkern wiederhergestellt wird; die wahre und endgültige Einheit in *seinem* Namen – nicht in unserem; in *seinem* Tun (Kreuz und Auferstehung) – und nicht in unsrem Tun.

Aber das Zentrum unseres Textes ist der Turmbau selbst und die Überheblichkeit der Menschen, daß »wir uns selbst einen Namen machen«. Steht es nicht deutlich in unserer Bibel, daß wir Gottes Namen heiligen sollen und nicht unsren?

Vor kurzem las ich in der Zeitung, daß viele Kirchen in Holland nicht mehr als Kirchen benutzt würden und daß ihre Einrichtungen wie Altar, Taufbecken, Kirchenschmuck usw. versteigert würden. Warum? Aus zwei Gründen: Zum einen, weil der Kirchenbesuch so weit zurückgegangen ist, daß es sich nicht mehr lohnt, so viele Kirchen in einer Stadt (in diesem Fall Amsterdam) zu erhalten. Von 65 katholischen Kirchen hoffen die Kirchenverantwortlichen, 12 bis ins Jahr 2000 zu erhalten.

Die andere Seite dieses Problems ist der Materialismus. Der Grundstückspreis in der Stadt steigt ständig. So wird dieser Materialismus zugleich zu einem neuen Glauben. Aber derjenige, der diese Versteigerung durchgeführt hat, mahnte, daß es eine Zeit geben wird, in der es die ganze Stadt sehr reuen wird, was jetzt passiert. Hunderte von ehemaligen Mitgliedern dieser Gemeinden sind zu der Versteigerung des Ortes gekommen, wo sie bzw. ihre Vorfahren getauft, konfirmiert, getraut und dann auch beerdigt wurden. Ein neuer Babelsturm ersteht an der Stelle, wo diese Kirchen waren, neue Zeichen des materiellen Fortschritts in einer

Stadt, die jetzt von Drogenhändlern und Dirnen überschwemmt wird. Ich denke in diesem Sinne auch an die niedergebrannten jüdischen Synagogen hier oder die, welche jetzt als Scheunen von anderen benutzt werden.

Diese Geschichte vom Turmbau zu Babel ist die Geschichte des modernen Menschen, vor allem während der letzten zwei Jahrhunderte. Vor 200 Jahren, 1789, ereignete sich die Französische Revolution, welche in vieler Hinsicht positiv zu bewerten ist (Menschenrechte). Aber mit dieser Revolution fing die menschliche Vernunft an, offizieller Maßstab aller Dinge zu werden. Man begann in Überheblichkeit einen neuen Kalender, im Namen der menschlichen Vernunft mit dem Jahr 1 – anstelle des Kalenders, welcher mit der Geburt Jesu anfing. Dieser neue kollektive Aufstand gegen Gott und seine Ordnungen durch menschliche Vernunft endete in einem Blutbad und einem Regime des Terrors bis hin zur Herrschergestalt Napoleon.

1917 begann der Bau des zweiten großen modernen Babelturms, welcher, wie die Französische Revolution und Napoleon, auch die menschliche Vernunft in den Mittelpunkt stellte und auch nach einer neuen menschlichen Einheit strebte – die Kommunistische Revolution. Gott wurde für tot erklärt, und alle jenseitigen Hoffnungen wurden diesseitig, materiell verstanden. Wir kennen nur allzugut die Auswirkungen dieser Revolution: Archipel Gulag, Massenmord und Terror, Schauprozesse, systematische Unterdrückung der Christenheit – und das alles im Namen der Vernunft. Der Herr aber zerstört jeden Götzen gerade an der Stelle, an der dieser Götze sich in Selbstverherrlichung zum eigenen Gott macht. So bei dem Turmbau zu Babel: statt Einheit, Zerstreuung und auch Verwirrung der Sprache; statt einem Turm bis in den Himmel, eine zerbrochene Hoffnung. Der Glaube an die menschliche Vernunft ab 1789 und ab 1917 führte zur Unvernunft, zu Haß, Krieg und Unterdrückung, war gegen die Menschheit gerichtet, aber angestiftet im Namen der Vernunft und der Menschheit.

1933 kam die dritte große Revolution der modernen Zeit, jetzt im Namen der Einheit eines Herrenvolkes, gegründet auf Blut und Boden, Gewalt, ein Tausendjähriges Reich im Namen von Volk, Vaterland und Führer. Alle diese Begriffe sind üble Nachahmung von wahren biblischen Begriffen wie auserwähltes Volk, verheißenes Land, ein Tausendjähriges Friedensreich unter der Herrschaft Gottes über Volk und Land. Diese Gewaltherrschaft eines Volkes führte zu seiner gewaltigen Zerstörung und der Teilung dieses

Volkes wie nach dem Turmbau oder wie in Israel nach Salomos Tod, nachdem er Götzen und Götzenhäuser für seine zahlreichen Frauen nach Israel gebracht hatte.

Was können und sollen wir also heute aus dem Turmbau zu Babel lernen? Wir sollten mit großer Vorsicht jede Art von Materialismus betrachten, welcher materielle Güter, Technologie auf Kosten der wahren Bedürfnisse des Menschen anstrebt. Unsere westliche Gesellschaft ist trotz ihres äußerlichen Reichtums zutiefst arm, arm im Glauben und deswegen auch arm in Beziehung zur zweiten Tafel Moses, im wahren mitmenschlichen Bereich. Unser technologischer Aufschwung, unser Hab und Gut kann nicht die Einsamkeit, die Armut im Geist, im Glauben und im mitmenschlichen Bereich überdecken. Jedes Streben nach Einheit, ob in der Kirche oder in Europa als Ganzes oder wie und wann auch immer, sollte von uns Christen mit kritischem Abstand betrachtet werden, denn wir sehen im Turmbau zu Babel und in der Geschichte, daß solche Einheit auch sehr gefährlich sein kann, vor allem für unsere Seele. (Was hülfe es dem Menschen, wenn er die ganze Welt gewönne und nähme doch Schaden an seiner Seele?) Auch eine starke, einheitliche Kirche kann zur eigenen Machtentfaltung kommen wie zur Zeit vor der Reformation, und die Bibel warnt uns vor so einer einheitlichen, satanischen Babelskirche am Ende der Tage.

Diese Babelsturm-Gefahren sind nicht nur kollektiv gemeint, sondern auch im persönlichen Bereich. Viele suchen Stärke im Staat, in Ideologien, in materiellem Wohlstand, und sie vergessen, daß der Herr Jesus Christus »in den Schwachen mächtig ist«. Lassen wir uns nicht einschüchtern von Reichtum, den Produkten des Reichtums, von Massenbewegungen und -veranstaltungen. Lassen wir uns aber das einheitliche Wort der Bibel, welches in Jesus Christus Fleisch geworden ist, unsere wahre Stärke, unsere Orientierung sein. Wer auf diesen wahren Fels sein Leben gründet, baut fest für jetzt und auch für die Ewigkeit.

David Jaffin
Alle Lande sind seiner Ehre voll
176 Seiten, Bestell-Nr. 058 015

In diesem Buch sind ganz besonders wert-
volle Predigten aus dem Alten und Neuen
Testament zusammengestellt. Das besondere dieser Ausführungen liegt darin, daß
der Verfasser als messianischer Jude zu
manchem direkteren Zugang hat und so zu
Aussagen gelangt, die neu sind und überra-
schen. Der Autor versteht es, durch seine
originelle Art und Weitblick diese Betrach-
tungen lesenswert zu machen.

David Jaffin
Israel am Ende der Tage
80 Seiten, Bestell-Nr. 056 638

»Erwarten Sie bitte keine Spekulationen,
daß ich jedes Ereignis in der Weltpolitik als
Erfüllung jüdischer Prophetie und der Offenbarung des Johannes sehen würde. Wir
können die endzeitlichen Ereignisse nur
auf dem Hintergrund der gesamten Heiligen Schrift verstehen. Andernfalls ist das
alles Schwärmerei und Spekulation«, so
schreibt der Autor über dieses Werk.

David Jaffin
Jüdische Feste – christliche Deutung
76 Seiten, Bestell-Nr. 056 698

Dieses faszinierende Thema kann nur ein
Autor mit besonderem Hintergrund – wie
ihn David Jaffin hat – richtig bearbeiten:
Sohn jüdischer Eltern, der als Erwachsener
zum christlichen Glauben übertritt.
Daß unsere großen Feste des Kirchenjah-
res in der alttestamentlichen Gemeinde
wichtige »Gegenüber« haben, ist jedem
aufmerksamen Bibelleser mehr oder weni-
ger bewußt. Für dieses Buch wurden vier
Paare gegenübergestellt: Chanukkah – Ad-
vent/Weihnachten; Passafest – Gründon-
nerstag/Karfreitag; Das alte und das neue
Pfingsten; Sabbat und Abendmahl.

David Jaffin
Salomo – Israel am Scheideweg
122 Seiten, Bestell-Nr. 056 689

Der weitbekannte Autor nimmt seine Le-
ser hier in ein besonderes Abenteuer hinein: zu entdecken, wie aktuell Salomo und
seine Zeit für uns heute ist. Dies gelingt Dr.
Jaffin auch deshalb so gut, weil er als Jude
besonderen Zugang zu den Hintergründen
des biblischen Geschehens hat und so auf
eine mitreißende Art lebendig machen
kann.

Bitte fragen Sie in Ihrer Buchhandlung nach diesen Büchern!